发展汉语

Developing Chinese

第二版
2nd Edition

Advanced Writing Course

高级写作

（I）

岑玉珍 编著

北京语言大学出版社
BEIJING LANGUAGE AND CULTURE UNIVERSITY PRESS

发展汉语

Developing Chinese

第二版 2nd Edition

编写委员会

主　编：李　泉

副主编：么书君　张　健

编　委：李　泉　么书君　张　健　王淑红　傅　由　蔡永强

编辑委员会

主　任：戚德祥

副主任：张　健　王亚莉　陈维昌

成　员：戚德祥　张　健　苗　强　陈维昌　王亚莉

王　轩　于　晶　李　炜　黄　英　李　超

总前言

《发展汉语》（第二版）为普通高等教育“十一五”国家级规划教材。为保证本版编修的质量和效率，特成立教材编写委员会和教材编辑委员会。编辑委员会广泛收集全国各地使用者对初版《发展汉语》的使用意见和建议，编写委员会据此并结合近年来海内外第二语言教学新的理论和理念，以及对外汉语教学和教材理论与实践的新发展，制定了全套教材和各系列及各册教材的编写方案。编写委员会组织全体编者，对所有教材进行了全面更新。

适用对象

《发展汉语》（第二版）主要供来华学习汉语的长期进修生使用，可满足初（含零起点）、中、高各层次主干课程的教学需要。其中，初、中、高各层次的教材也可供汉语言专业本科教学选用，亦可供海内外相关的培训课程及汉语自学者选用。

结构规模

《发展汉语》（第二版）采取综合语言能力培养与专项语言技能训练相结合的外语教学及教材编写模式。全套教材分为三个层级、五个系列，即纵向分为初、中、高三个层级，横向分为综合、口语、听力、阅读、写作五个系列。其中，综合系列为主干教材，口语、听力、阅读、写作系列为配套教材。

全套教材共 28 册，包括：初级综合（Ⅰ、Ⅱ）、中级综合（Ⅰ、Ⅱ）、高级综合（Ⅰ、Ⅱ），初级口语（Ⅰ、Ⅱ）、中级口语（Ⅰ、Ⅱ）、高级口语（Ⅰ、Ⅱ），初级听力（Ⅰ、Ⅱ）、中级听力（Ⅰ、Ⅱ）、高级听力（Ⅰ、Ⅱ），初级读写（Ⅰ、Ⅱ）、中级阅读（Ⅰ、Ⅱ）、高级阅读（Ⅰ、Ⅱ），中级写作（Ⅰ、Ⅱ）、高级写作（Ⅰ、Ⅱ）。其中，每一册听力教材均分为“文本与答案”和“练习与活动”两本；初级读写（Ⅰ、Ⅱ）为本版补编，承担初级阅读和初级写话双重功能。

编写理念

“发展”是本套教材的核心理念。发展蕴涵由少到多、由简单到复杂、由生疏到熟练、由模仿、创造到自如运用。“发展汉语”寓意发展学习者的汉语知识，发展学习者对汉语的领悟能力，发展学习者的汉语交际能力，发展学习者的汉语学习能力，不断拓展和深化学习者对当代中国社会及历史文化的了解范围和理解能力，不断增强学习者的跨文化交际能力。

“集成、多元、创新”是本套教材的基本理念。集成即对语言要素、语言知识、文化知识以及汉语听、说、读、写能力的系统整合与综合；多元即对教学法、教学理论、教学大纲以及教学材料、训练方式和手段的兼容并包；创新即在遵循汉语作为外语或第二语言教学规律、继承既往成熟的教学经验、汲取新的教学和教材编写研究成果的基础上，对各系列教材进行整体和局部的特色设计。

教材目标

总体目标：全面发展和提高学习者的汉语语言能力、汉语交际能力、汉语综合运用能力和汉语学习兴趣、汉语学习能力。

具体目标：通过规范的汉语、汉字知识及其相关文化知识的教学，以及科学而系统的听、说、读、写等语言技能训练，全面培养和提高学习者对汉语要素（语音、汉字、词汇、语法）形式与意义的辨别和组配能力，在具体文本、语境和社会文化规约中准确接收和输出汉语信息的能力，运用汉语进行适合话语情境和语篇特征的口头和书面表达能力；借助教材内容及其教学实施，不断强化学习者汉语学习动机和自主学习的能力。

编写原则

为实现本套教材的编写理念、总体目标及具体目标，特确定如下编写原则：

（1）课文编选上，遵循第二语言教材编写的针对性、科学性、实用性、趣味性等核心原则，以便更好地提升教材的质量和水平，确保教材的示范性、可学性。

（2）内容编排上，遵循第二语言教材编写由易到难、急用先学、循序渐进、重复再现等通用原则，并特别采取“小步快走”的编写原则，避免长对话、长篇幅的课文，所有课文均有相应的字数限制，以确保教材好教易学，增强学习者的成就感。

（3）结构模式上，教材内容的编写、范文的选择和练习的设计等，总体上注重“语言结构、语言功能、交际情境、文化因素、活动任务”的融合、组配与照应；同时注重话题和场景、范文和语体的丰富性和多样化，以便全面培养学习者语言理解能力和语言交际能力。

（4）语言知识上，遵循汉语规律、汉语教学规律和汉语学习规律，广泛吸收汉语本体研究、汉语教学研究和汉语习得研究的科学成果，以确保知识呈现恰当，诠释准确。

（5）技能训练上，遵循口语、听力、阅读、写作等单项技能和综合技能训练教材的编写规律，充分凸显各自的目标和特点，同时注重听说、读说、读写等语言技能的联合训练，以便更好地发挥“综合语言能力 + 专项语言技能”训练模式的优势。

（6）配套关联上，发挥系列配套教材的优势，注重同一层级不同系列平行或相邻课文之间，在话题内容、谈论角度、语体语域、词汇语法、训练内容与方式等方面的协调、照应、转换、复现、拓展与深化等，以便更好地发挥教材的集成特点，形成“共振”合力，便于学习者综合语言能力的养成。

（7）教学标准上，以现行各类大纲、标准和课程规范等为参照依据，制定各系列教材语言要素、话题内容、功能意念、情景场所、交际任务、文化项目等大纲，以增强教材的科学性、规范性和实用性。

实施重点

为体现本套教材的编写理念和编写原则，实现教材编写的总体目标和具体目标，全套教材突出了以下实施重点：

（1）系统呈现汉语实用语法、汉语基本词汇、汉字知识、常用汉字；凸显汉语语素、语段、语篇教学；重视语言要素的语用教学、语言项目的功能教学；多方面呈现汉语口语语体和书面语体的特点及其层次。

（2）课文内容、文化内容今古兼顾，以今为主，全方位展现当代中国社会生活；有针对性地融入与学习者理解和运用汉语密切相关的知识文化和交际文化，并予以恰当的诠释。

（3）探索不同语言技能的科学训练体系，突出语言技能的单项、双项和综合训练；在语言要素学习、课文读解、语言点讲练、练习活动设计、任务布置等各个环节中，凸显语言能力教学和语言应用能力训练的核心地位。并通过各种练习和活动，将语言学习与语言实践、课内学习与课外习得、课堂教学与目的语环境联系起来，结合起来。

（4）采取语言要素和课文内容消化理解型练习、深化拓展型练习以及自主应用型练习相结合的训练体系。几乎所有练习的篇幅都超过该课总篇幅的一半以上，有的达到了 2/3 的篇幅；同时，为便于学习者准确地理解、掌握和恰当地输出，许多练习都给出了交际框架、示例、简图、图片、背景材料、任务要求等，以便更好地发挥练习的实际效用。

（5）广泛参考《汉语水平等级标准与语法等级大纲》（1996）、《汉语水平词汇与汉字等级大纲》（2001）、《高等学校外国留学生汉语言专业教学大纲》（2002）、《国际汉语教学通用课程大纲》（2008）、《欧洲语言共同参考框架：学习、教学、评估》（中译本，2008）、《新汉语水平考试大纲（HSK1–6 级）》（2009–2010）等各类大纲和标准，借鉴其相关成果和理念，为语言要素层级确定和选择、语言能力要求的确定、教学话题及其内容选择、文化题材及其学习任务建构等提供依据。

（6）依据《高等学校外国留学生汉语教学大纲（长期进修）》（2002），为本套教材编写设计了词汇大纲编写软件，用来筛选、区分和确认各等级词汇，控制每课的词汇总量和超级词、超纲词数量。在实施过程中充分依据但不拘泥于“长期进修”大纲，而是参考其他各类大纲并结合语言生活实际，广泛吸收了诸如“手机、短信、邮件、上网、自助餐、超市、矿泉水、物业、春运、打工、打折、打包、酒吧、客户、密码、刷卡”等当代中国社会生活中已然十分常见的词语，以体现教材的时代性和实用性。

基本定性

《发展汉语》（第二版）是一个按照语言技能综合训练与分技能训练相结合的教学模式编写而成的大型汉语教学和学习平台。整套教材在语体和语域的多样性、语言要素和语言知识及语言技能训练的系统性和针对性，在反映当代中国丰富多彩的社会生活、展现中国文化的多元与包容等方面，都作出了新的努力和尝试。

《发展汉语》（第二版）是一套听、说、读、写与综合横向配套，初、中、高纵向延伸的、完整的大型汉语系列配套教材。全套教材在共同的编写理念、编写目标和编写原则指导下，按照统一而又有区别的要求同步编写而成。不同系列和同一系列不同层级分工合作、相互协调、纵横照应。其体制和规模在目前已出版的国际汉语教材中尚不多见。

特别感谢

感谢国家教育部将《发展汉语》（第二版）列入国家级规划教材，为我们教材编写增添了动力和责任感。感谢编写委员会、编辑委员会和所有编者高度的敬业精神、精益求精的编写态度，以及所投入的热情和精力、付出的心血与智慧。其中，编写委员会负责整套教材及各系列教材的规划、设计与编写协调，并先后召开几十次讨论会，对每册教材的课文编写、范文遴选、体例安排、注释说明、练习设计等，进行全方位的评估、讨论和审定。

感谢中国人民大学么书君教授和北京语言大学出版社张健总编辑为整套教材编写作出的特别而重要的贡献。感谢北京语言大学出版社戚德祥董事长对教材编写和编辑工作的有力支持。感谢关注本套教材并贡献宝贵意见的对外汉语教学界专家和全国各地的同行。

特别期待

○ 把汉语当做交际工具而不是知识体系来教、来学。坚信语言技能的训练和获得才是最根本、最重要的。

○ 鼓励自己喜欢每一本教材及每一课书。教师肯于花时间剖析教材，谋划教法。学习者肯于花时间体认、记忆并积极主动运用所学教材的内容。坚信满怀激情地教和饶有兴趣地学会带来丰厚的回馈。

○ 教师既能认真“教教材”，也能发挥才智弥补教材的局限与不足，创造性地“用教材教语言”，而不是“死教教材”、“只教教材”，并坚信教材不过是教语言的材料和工具。

○ 学习者既能认真“学教材”，也能积极主动“用教材学语言”，而不是“死学教材”、“只学教材”，并坚信掌握一种语言既需要通过课本来学习语言，也需要在社会中体验和习得语言，语言学习乃终生之大事。

李　泉

编写说明

适用对象

《发展汉语·高级写作》(I)是《发展汉语·中级写作》(II)的晋级衔接教材，适合学过《发展汉语·中级写作》(II)或与此等级相当的课本、已累积3000–3500个左右汉语词汇、了解常见的书面语体表达方式的学习者使用。

教材目标

训练和提高学习者高级阶段汉语写作能力。具体如下：

(1)能就所读材料进行归纳总结，写出能反映原文主要内容的摘要。

(2)能用书面形式表达个人的意见和看法，句子通顺，层次分明，意思准确。

(3)能就特定的话题进行阐释，用词恰当，观点清楚，前后连贯，结构完整。

(4)能撰写完整的一般性文章，能撰写议论文。

特色追求

(1)力求目标明确、结构简洁、重点突出

本教材以提高学习者汉语书面表达能力为根本目标。汉语写作知识、文体知识的介绍是辅助性的，有选择性的，并以能切实有助于发展学习者的汉语写作能力为着眼点。对学习者的写作训练和对学习者习作的分析当是课堂教学的主要内容。

(2)追求范文的可读性、示范性和实用性

范文语言力求难易合理，内容贴近学习者的语言学习需求。范文力求有趣味性、实用性和可模仿性。通过对范文的阅读和分析，进一步增强学习者汉语书面语语感，启发学生体认汉语书面表达的特点及常见文体的特色。

(3)通过课堂活动激发学习者的表达欲望

通过范文分析、边读边练、习作讲评、写作拟题及写作思路的畅想等课堂活动，不断激发学习者书面表达的强烈欲望，增强学习者汉语书面表达的信心。并进一步在教师的指导和帮助下，将学习者的表达欲望和表达信心转化为他们的写作行动及其作品。

(4)高度重视对学习者习作的讲评

对学习者作文的讲评是写作训练的核心途径，是提高写作能力的关键环节。学习者在成功的表达中获得写作信心，在认知和修正偏误的过程中提高写作能力。因此，本教材高度重视讲评环节的实施。

使用建议

(1)本教材共12课，建议每课用2–4课时完成。

(2)教师可根据具体教学内容和教学对象的特点，补充必要的写作知识。如结合范文和学习者的习作进行汉语标点符号、汉语书面语连接手段、复句知识、语体知识等的教学。

（3）在认真评改学习者习作的基础上充分备课，整理出课堂讲评的具体教案，包括“教师总评”、“优佳表达”和“偏误分析”，从宏观到微观，全面而有重点地进行讲评。作文讲评是“真正的写作教学”，是提高学习者汉语能力和汉语写作能力的关键环节。因此，应进行充分的准备，并在课上给予足够的时间保证。

（4）布置课后作文是写作课教学的重要环节，结合写作题目给予学习者写作角度、思路乃至材料的启发和指导，以有利于学习者顺利而高质量地完成写作任务。我们甚至建议，教师可以结合每课书的参考作文题目跟学习者一起拟定具体的作文题目，并跟他们一起进行“头脑风暴”，讨论写作角度和思路、主旨和结构等，根本目的是让学习者产生自我表达的欲望和写作思路。

（5）课后写作要求的字数、题目内容有较大灵活性，教师可酌情调整。

特别期待

◎ 课下和课上认真阅读、熟悉和体味每一课的范文。

◎ 积极、主动参与课堂练习活动和相关的讨论。

◎ 相信“写”是学习汉语表达和提升汉语能力的重要途径。

◎ 相信“写”的过程就是用汉语、学汉语的过程，并能“乐在写中”。

◇ 在多种场合以各种方式，不断激发学习者汉语书面表达的欲望。

◇ 及时批改和讲评学习者的课内外作业，并能给予更多的指导和鼓励。

◇ 确信只有通过学习者的写和不断地写才能真正提高汉语写作能力。

◇ 确信结合习作的语句、段落和篇章的讲评才是最重要的写作知识教学。

《发展汉语》（第二版）编写委员会及本册教材编者

目录 Contents

1 我和汉语

愉快走入第1课

1 本课导入

说一说：1. 你是什么时候、在哪儿开始学习汉语的？
2. 汉语和你的母语有什么不同？
3. 学汉语的过程中有哪些乐趣和经验？你碰到过哪些困难？
4. 你为什么选择学汉语？

2 范文讨论与学习

1. 阅读下文并讨论：汉语文章的格式特点是什么？和你的母语有什么不同？

我和汉语

陈霞（印度）

上中学的时候，我偶然[①]看见爸爸书桌上放着一张报纸，上面的字都是一个个小方块儿。那是什么字？我十分好奇，马上给爸爸打了个电话。从那时开始，我知道了，那些神秘的方块字叫"汉字"，使用汉字的是一个东方民族——中华民族。爸爸说，汉字是世界上最早的文字之一，汉语有着非常悠久[②]的历史。于是，我产生了学习汉语、认识汉字的念头。

两年后，我在一所大学学习政治经济学，同时在另外一所大学学习汉语。我对汉语、对中国的兴趣越来越浓厚，一年后我决定改变专业，专心学习汉语。经过严格的考试，我终于如愿以偿[③]了：我成了大学中文系的学生。开始

①偶然（ǒurán）：超出一般规律或常情而出现的，与"必然"相对。
②悠久（yōujiǔ）：年代久远。
③如愿以偿（rú yuàn yǐ cháng）：愿望实现了；愿望得到了满足。

中文专业学习的时候，我还有点儿担心，因为我是个新生，不知能否赶上班里其他同学。系里的老师对我十分关心，特别是从中国来的老师，总是鼓励我、帮助我，教我最有效的学习方法。在老师们的帮助下，我的汉语水平提高得很快。

学汉语一年之后，我得到了一个参加印中文化交流奖学金考试的机会。对我来说，这是我梦寐以求④的好机会。我把握住了这个机会，通过了考试，获得了中国政府提供的奖学金，多年的梦想终于实现了。

来到中国以后，我在北京的一所大学学习，我们每天都有汉语课，我的汉语进步得更快了。我深刻地体会到，如果不到中国来，就不可能很快地掌握标准汉语，而且也不可能真正了解中国。我感到，这里的老师都有经验，非常亲切，这里的环境特别适合外国学生学习。有人说，没有去过长城，就不算到过中国；没有吃过烤鸭，就不算来过北京。我想说，不在北京学习，也是一种遗憾，因为这里的外国朋友来自世界各地，这里是我们留学生的乐园。

我喜欢舞蹈，在北京，我还参加了两次演出。在“首都外国留学生新年文艺晚会”上，我既展示了印度舞蹈，又欣赏到了各个国家的舞蹈艺术。我希望在学习汉语的同时，能更多地了解中国的民间艺术，尤其是传统的舞蹈艺术，将来为增进印度和中国人民的友谊作出贡献。

（选自《学汉语》1998年第2期，略有改动）

2. 从范文中查找下列问题的答案，每题写出两到三个重点词语或句子，理解这篇文章的写作思路。

（1）“我”是怎么知道汉语和汉字的？

....

（2）“我”是什么时候把汉语作为自己的专业的？

....

（3）“我”是利用什么机会来到中国学习的？

....

（4）“我”在中国留学的体会是什么？

....

④ 梦寐以求（mèngmèi yǐ qiú）：睡梦中都在追求，形容迫切期望。

（5）“我”在中国的生活，除了学习，还包括什么内容？

3. 把范文概括成100字左右的短文，可以运用下面的句子组织概括的内容：

《我和汉语》写了作者学习汉语的经历。上中学的时候，……。两年后，……，……。学汉语一年之后，……，……。来到中国以后，……，……。

（100字）

4. 试一试，写一写。

（1）用“经过……，终于……”改写下面这句话，并用“经过……，终于……”重新造句。

我努力学习了一年，获得了中国政府提供的奖学金。

（2）用“对……来说，……”改写下面这句话，并用“对……来说，……”重新造句。

我得到了一个出国留学的机会，我觉得这样的机会很难得。

（3）用“如果……，就……，而且……”改写下面这句话，并用“如果……，就……，而且……”重新造句。

不碰到王老师，我也不可能喜欢上数学，日后在数学领域做出那么大成绩更是不可能的。

3 边读边练

1. 请指出下面的汉语短文格式（题目、标点位置等）不准确的地方，给予改正，改后读一读。

我	学	汉	语	的	原	因										
“	你	为	什	么	会	来	中	国	？	为	什	么	会	学	习	汉
语	？	”	许	多	人	曾	经	问	我	这	个	问	题	。	我	原
来	没	想	过	这	个	问	题	，	只	觉	得	这	是	一	个	偶

然的事情。但是，我有时候也会问自己，为什么选择学习汉语呢？

我想起我读小学的时候，有一个女老师，她是中国人。

那时候，我们班的男孩子都很淘气，常常搞恶作剧，故意让老师生气，对老师开一些不太友善的玩笑。可是，那位老师始终没有生气，她常常给我们讲故事，其中有很多中国的民间故事，那些故事让我们听得入迷。于是，我们常常去找老师要书看，要求她讲更多的故事。

小学毕业后，我跟大家一起上了中学，又上了大学，我选择了贸易专业，可是，那些美丽的中国民间故事已经留在了我的心里。

也许这就是我现在学习汉语的原因之一吧。

2. 给下面的短文拟一个题目。如果有不同的题目，讨论一下哪个是最合适的，为什么。

____

我叫安达，法国人。我很羡慕那些能说一口流利汉语的人，希望自己也能说得那么好，能够随意[1]表达自己的意思。为此，我来到中国。我下定决心，一定要学好汉语。

来到北京后，我和中国朋友交流的机会越来越多，口语和听的能力明显提高，从前听不懂的现在能听懂了，我有了一些成功的感觉。可是，我觉得自己还有很多困难。首先，我的词汇量还不够丰富。比如，我跟朋友们一起吃饭时，我就会说"好吃"、"很喜欢"这样几句话，有时我很担心朋友认为我不是真心的。其次，口语和书面语的差别我也弄不清楚，不知道哪些是口语词，哪些是书面语词。比如，有一次，我说，"这些房子很美丽"，而朋友说，口语中应该用"漂亮"，不该用"美丽"。另外，汉语中的褒义词[2]、贬义词[3]、礼貌用语等等，我也不太明白。我知道这些都很重要，弄不好会产生误会，闹笑话。比如，你看见一个人用钱比较节省，你得说"你很节约"，不能说"你很小气"，因为"小气"是贬义词，别人听了会生气或者不好意思。还有，我觉得我说汉语还不够流利，常常说不出自己心里想说的话。

怎么解决这些问题呢？我想，多交中国朋友，多找机会和中国人说话是最重要的学习方法。我在和中国朋友的交往中，得到了友谊，当然，也提高了自己的汉语水平。

3. 选用下面的词语，概括写一写上面这段短文中安达学汉语的情况。（至少选用5个）

流利　下定决心　首先　其次　还有　另外　词汇　丰富
表达　误会

---

① 随意（suíyì）：按自己心中所想的。
② 褒义词（bāoyìcí）：含有赞扬或好的意义的词。
③ 贬义词（biǎnyìcí）：含有批评或坏的意义的词。

（100字）

4 参考练习

把下面的句子按照正确的顺序排列成语段，并正确使用标点符号，写在下面。

a. 大多数汉字是由两个或者更多的部分组成的。

b. 其次是上下结构。如“花”字。

c. 最常见的是左右结构。如你字。

d. 例如。好字是两个部分。“品”字是三个部分。

e. 再其次是内外结构。如“国”字。风字。

f. 有的汉字由三个或更多部分组成。

g. 例如。“心意”的意字。输赢的“赢”字。

排列顺序：（1）______ （2）______ （3）______ （4）______

（5）______ （6）______ （7）______

（120字）

课后作文

选择下面的题目写一篇文章，你也可以自己拟个题目。（600字左右）

（1）我和汉语

（2）我是怎么开始学汉语的

（3）我学汉语的经历

（4）我在汉语学习中遇到的问题

（5）自拟题目：________________

本课写作知识要点

（一） 文章题目的拟定

1. 文章题目首先要与内容密切相关，使人从题目就能知道文章的大体内容。如“我学习汉语的经历”、“最难忘的一件事”等。

2. 题目不能过长，要精确简练，有概括性。如“我的留学生活”、“云南见闻”等。

3. 题目要尽可能吸引读者兴趣，有新意。如“美丽的西双版纳”、“使我终身受益的一本书”等。可以运用比喻、引用名句、设问等方式设计题目。如“潘多拉的盒子不能打开——纪念切尔诺贝利核电站泄漏事故二十周年”、“勤能补拙”、“环境保护只是政府的事情吗”等。

（二）标点符号在汉语写作中重要的表达作用

标点符号是书面语的重要组成部分，能辅助文字进行表达。具体地说，标点符号的作用主要在三个方面：

1. 表示句子间的停顿。口头说话时一个句子完了要停顿，书面语也需要表示停顿的符号，否则句子连接成一片，就容易出现误解。

2. 表示语气。每句话都有一定的语气，口头说话时可用声音的高低或语调来表示，书面语必须用标点符号来表示。

3. 标明文章意思的层次。

2 往事与朋友

上次作文讲评

教师总评

优佳表达

偏误分析

天天向上

学习心得

愉快走入第2课

1 本课导入

说一说：1. 朋友是生活中的重要部分，你记得你以前的好朋友吗？
　　　　2. 他（她）是什么样的人？
　　　　3. 给我们展示一下你们的照片，讲一讲你们的故事。

2 范文讨论与学习

1. 阅读下文并讨论：

（1）这篇文章的开头有什么特点？

（2）如果这篇文章不要第一段，从第二段开头，文章的表达效果有什么不同？

（3）文章中“我”和朋友的性格有哪些不同？

我的一个朋友

内村好彦（日本）

“向生活挑战[①]”，这是我的一个朋友用来鼓励自己的话，也是用来鼓励我的话。

我是一个性格内向[②]的人，从小做事就犹犹豫豫，不敢单独行动。在中学学汉语的时候，我和一个同学常常一起学习，这位朋友对我的性格产生了影响。

我的这位朋友叫中村达郎。他性格开朗，生活态度积极，除了学习之外，业余时间还主动地和朋友建立联系。他善于组织活动，遇到麻烦时总能想办法解决。

那年夏天，我们一起到北京来留学。我第一次来中国，有点儿紧张，学过的汉语都说不出来，更不敢单独出门。同学们都是结伴行动，一起出去吃饭，一起购物。只有中村例外，显得最放松，常常一个人去学校外面逛街，还用说得非常生硬[③]的汉语和老人聊天儿、购物、问路。我觉得不可思议，就问他：

---

① 挑战（tiǎozhàn）：主动表示要和对方竞赛。

② 内向（nèixiàng）：性情深沉，思想感情不愿表露出来。与“外向”相反。

③ 生硬（shēngyìng）：做得勉强，不自然、不熟练。

“你一个人在陌生的地方行动时，一点儿也不紧张吗？”中村说：“其实，我第一次单独做事的时候，也有点儿害怕，可是，我总是说服自己：这没什么的，多做几次就好了。如果做什么都害怕的话，就什么都做不成。”他告诉我，他常常用“向生活挑战”这句话来鼓励自己，努力去做他想做的事情。

听了他的话，我感到有点儿惭愧。我与他年龄相同，他做的事我应该也能做。暑假学习结束后，我们一起到上海、南京去旅游。那时，我们的汉语水平还不太高，但是中村一有机会就说汉语，我也跟他一样，常常开口练习。在他的影响下，我还做出一个重要的决定：一个人去越南旅游。我也想勇敢地“向生活挑战”，中村能做的事，我也能做。就这样，我鼓起勇气，一个人去了越南，接着还去了老挝、泰国。在旅行中，我遇到许多困难，就一个一个地去解决，这对我是一个极大的锻炼。通过那次旅行，我的自信心增强了。

现在，我来到中国学习，和中村已经很久没有机会见面了，可是我还常常回忆起他鼓励我的话：向生活挑战。

“向生活挑战”，这句话对我的成长产生过重要的影响。

2. 从范文中查找下列问题的答案，每题写出两到三个重点词语或句子，理解这篇文章的写作思路。

（1）“我”的性格：

....

（2）朋友中村的性格：

....

（3）中村的想法：

....

（4）“我”得到的启发：

....

（5）“我”发生的变化：

....

（6）“我”对朋友的感情：

....

3. 选用下面的词语，描写上文中“我”和中村的性格特点。（也可以运用一些学过的描写性格的词语，至少选用5个）

内向　外向　开朗　积极　紧张　善于　勇气　独立
害怕　挑战

（100字）

4. 试一试，写一写。

（1）用“善于……”改写下面这句话，并用“善于……”重新造句。

这位朋友在建立朋友关系、组织集体活动方面做得很好。

（2）用“与……相同”改写下面这句话，并用“与……相同”重新造句。

我们俩对这个问题的看法基本一样，都认为在网上交朋友得小心一些。

（3）用“鼓起勇气”改写下面这段话，并用“鼓起勇气”重新造句。

开始的时候，我有点儿害怕：一个人到国外去，遇到问题怎么办呢？可是，想到这个朋友的话，我就克服了害怕的心理，开始了行动。

3 边读边练

1. 阅读下文，试用一句话概括每一段的内容，并写在文章后面。

高山流水遇知音①

——俞伯牙和钟子期的故事

【1】“高山流水遇知音”是中国几乎尽人皆知的关于友谊的故事。

【2】春秋时期，有一位叫俞伯牙的先生，善于弹琴。他的琴声优美动听，就像高山流水。许多人赞美他的琴艺，但他却总觉得遗憾，认为一直没有遇到真正能听懂琴声的人。

---

① 知音（zhīyīn）：指能深切了解和赏识自己的人。

【3】一年的中秋，俞伯牙乘船路过汉阳江口。晚上，云开月出，景色迷人，俞伯牙拿出古琴，专心致志地弹奏起来。忽然，他看到一个人站在岸边，一动不动地听得入迷，再仔细一看，那个人身旁放着一捆柴。俞伯牙心想：难道这个打柴②的人听懂了我的琴声？就问："你既然喜欢听我弹琴，就请你说说看，这是一首什么曲子？"打柴人的回答非常准确。俞伯牙非常兴奋，又为他弹了几个曲子。当他弹奏的琴声雄壮的时候，打柴人说："这琴声，表达了高山的雄伟。"当琴声变得清新流畅时，打柴人说："这琴声，表达的是无尽的流水。"两个人好像有说不完的话。俞伯牙非常惊喜，他终于遇到了知音！

【4】这个打柴人叫钟子期。他们约定每年的中秋到这里来见面，弹琴，听琴，这是他们最幸福的时光。可是有一年的中秋，俞伯牙来到这里，怎么也不见钟子期。于是他弹起琴来，希望邀来这位知音，可还是不见人来。第二天，俞伯牙向一位老人打听，老人告诉他，钟子期已不幸得病去世了。临终前，他留下遗言③，要把坟墓修在江边，到八月十五，他能听到俞伯牙的琴声。俞伯牙听后万分悲痛，他来到钟子期的坟前，悲伤地弹奏了一曲。弹完，他拉断了琴弦④，把琴摔碎，说："我唯一的知音已不在人世了，我还能弹给谁听呢？"

【5】两位"知音"的故事感动了后人，人们在他们相遇的地方筑起了一座古琴台。直至今天，人们还常用"知音"来形容朋友之间的情谊。不管这个故事是真是假，真诚的友谊的确值得赞颂。

段意概括：

【1】……………………………………

【2】……………………………………

【3】……………………………………

【4】……………………………………

【5】……………………………………

---

②打柴（dǎ chái）：砍一些做燃料用的草木背回家。

③遗言（yíyán）：临死前留下来的话。

④琴弦（qínxián）：装在琴上面绷紧的线状物，用来弹拨发声。

2. 把上文的内容概括成100字左右的短文。

（100字）

4 参考练习

给下面的短文分出段落，并说明分段的理由。

个人大事记

1990年6月，我来到人间，爷爷给我取了个名字：梅梅。从小学到大学，我对自己的名字都是非常满意的，叫起来又好听、又亲切。1996年，我开始上小学。第一次参加学校运动会，我得了50米短跑第一名，赢得了全班同学的掌声和欢呼。可是，我第一次的语文考试也得了第一名——从后面数起的第一名。2002年，我上了初中。我开始喜欢打扮，喜欢漂亮的衣服。我还悄悄地喜欢上班里的一个男生，可是，这件事没有人知道，这是我的第一个秘密。高一的那个暑假，我到一个饭店去打工。我明白了一个道理：看起来很简单的工作其实是很不容易的。回到学校，同学们都说我比以前成熟多了。经历辛苦，才会逐渐成熟，这是我的第一个人生体会。前年秋天，我上大学一年级了。我加入了学校的舞蹈队，还参加了志愿者活动——到农村去当义务代课老师。这时我才知道，中国还有很多贫困的地区，有很多学校缺乏教育的设备。现在，我正在上大学三年级。人生刚刚开始，路还很远，我一定要努力。

课后作文

选择下面的题目写一篇文章，你也可以自己拟个题目。（600字左右）

（1）我的成长过程

（2）难忘的往事

（3）我的好朋友——×××

（4）自拟题目：______________________

本课写作知识要点

（一）文章开头的常用方法

文章的开头应该紧密联系文章的中心内容，同时最好能吸引读者的注意。文章开头的方法是各式各样的，常见的有以下几种：

1. 说明时间或介绍中心人物；
2. 直接说明文章的话题；
3. 发表议论，抒发自己的感情；
4. 引用与文章内容有密切关系的言论。

（二）段落知识

1. 什么是"段落"？把内容密切联系着的句子连续说完，这就是一段。较长的文章一般不会从头到尾只有一个段落，而是分成几个段落，这样能使文章层次清楚，让读者更好地理解。

2. 段落的标志：汉语文章的段落，以另起一行、开头空两个字为标志，段落之间不空行。

3. 分段的目的：划分段落的目的是使文章内容发展的层次、重点表达得更为清楚，让读者对每个部分的内容理解得更准确。如果从头到尾不分段落，读者会感到条理、重点不够清晰、明显。

4. 分段的方法：可按事物叙述过程的独立性、完整性来分。叙事文章可以按时间推移来分，也可按地点的转移交替来分，还可按事件的发展过程来分；议论说理的文章一般按照议论的逻辑来分；说明性的文章一般以说明对象的转换来分。

3 童年与梦想

上次作文讲评

教师总评

优佳表达

好好學習

偏误分析

天天向上

学习心得

愉快走入第3课

1 本课导入

每个人都有自己的童年，童年常常是值得回忆的。选用下面的词语说说自己的童年：

回忆　美好　童年　好奇　热爱　幸福

2 范文讨论与学习

1. 阅读下文并讨论：

（1）这篇文章的结束部分有什么特点？

（2）如果这篇文章不要最后一段，文章的表达效果有什么不同？

（3）你喜欢文章中的哪些句子或者哪些部分？为什么？

童年的回忆

仓光孝次（日本）

人们都说，孩子眼睛里的东西总是美好的。回想我童年的一些往事，我觉得的确是这样。

还记得，我六岁那一年的春天，有一天我跟母亲去买东西，回家的路上，我坐在公共汽车上出神[1]地看着农村的景色。外边下着细细的雨，路的左边是一条河，因为那两天下雨，河水浩荡，平常清亮透明的河水也变黄了。河的对岸是一片绿油油的山野，河的右边是农村住宅，一条柏油路从中间穿过，路边成百上千只奶牛好奇地看着我坐的“大铁箱”。我就住在这个地区，虽然很熟悉这里的东南西北，可是从公共汽车里看到的村子仿佛和平时看到的完全不一样了，觉得很新鲜。绿树、小河、奶牛，我睁着眼睛看也看不够……

于是，我迷上了坐公共汽车，成了个坐车迷。在日本，6岁以下的儿童坐公共汽车都免费，作为一个坐车迷怎么能错过这个机会？因此，我每天从幼儿园回来后，马上就去汽车站坐公共汽车。

① 出神（chūshén）：因精神过于专注而忘了其他的事。

我乘坐的公共汽车是3点45分出发，开这班车的司机是佐藤先生。他穿着整齐的制服，裤线熨[2]得笔直，像用裁纸刀裁出来的一样；他戴的黑亮的司机帽显示着他对自己工作的骄傲。他是这班车的唯一的工作人员，乘客从后门上车，在前门那儿给他交车费下车，秩序井井有条[3]。在这辆车里，他是国王，大家都服从他，按他的要求去做。我觉得他比任何人都强。小男孩儿一般都崇拜强壮的英雄。除了父亲以外，佐藤是我遇见的第一个英雄。

那时候，大人看见小孩儿一个人坐车，就会觉得奇怪。于是常常有人诧异[4]地问我："到哪儿去啊？""你妈妈呢？"我每次遇到这种情况都老老实实地回答："我喜欢坐车。"其实，要详细回答这个问题，必须是这样："我只是喜欢坐车，我可以免费乘坐，而且这班车的乘客不多，不影响别人；我只坐一站就下车回家，不用担心。"可是我当时的脑子不够用，没有能力说这样的话。我以为简单地说我喜欢坐车就解释得很清楚了，可是大人们却觉得很奇怪，他们的盘问[5]越来越厉害了。我心里想：大人真喜欢管闲事，他们想把事情弄复杂。正在这时候，佐藤先生大声说话了："不用担心，"他一直注视着前面的路，没有回头，"我认识他的父母，终点站那儿有他母亲的单位，家长在那儿接他。"这句话当然不是真的，可是听起来，连我也觉得我的母亲会在终点站等着我。佐藤先生跟平时一样，像什么事都没发生过一样，头也没回，认认真真地驾驶着这个"大铁箱"。我们只能看到他高大的背影，他那严肃的背影仍然显示着他对工作的自豪。

就这样，佐藤先生这时成了我心中的英雄。他就像能干的律师一样为我巧妙地辩护，使我摆脱了人们的好奇，我更喜欢他了。可是我从来没有跟他聊过天儿，我很想跟他说话，可是我怕他因为认真工作而不理我，所以只能坐在他的后面，看着他高大的背影。后来，我由于崇拜佐藤先生，想当宇航员的梦想竟然变成了当公共汽车司机了！

现在，作为一个开始走向社会的青年，我回忆起佐藤先生，仍然很佩服他对工作认真的态度。虽然他只是一个普普通通的司机，可是他是我童年时眼中的英雄。

---

② 熨（yùn）：用加热的金属器具把衣服烫平整。
③ 井井有条（jǐngjǐng yǒu tiáo）：形容整齐而有条理。
④ 诧异（chàyì）：感到惊奇。
⑤ 盘问（pánwèn）：反复查问。

2. 从范文中查找下列问题的答案，每题写出一到三个重点词语，理解这篇文章的写作思路。

（1）使文章自然开始的词语：

（2）引出往事内容的词语：

（3）连接前后部分，使文章内容自然衔接的词语：

（4）让文章自然结束的词语：

3. 试一试，写一写。

（1）用“V也V不够”改写下面这段话，并用“V也V不够”重新造句。

见到了多年不见的老朋友，我们都兴奋极了。我们一边喝茶一边聊天儿，好像有永远说不完的话。

（2）用“可是，连……也……”改写下面这句话，并用“可是，连……也……”重新造句。

他的汉语说得非常标准，中国人一点儿都听不出他是个外国人。

（3）用“由于……，竟然……”改写下面这句话，并用“由于……，竟然……”重新造句。

那个演员演得那么出色，严格的导演这次也不由得夸奖起他来。

4. 选用下面的词语，缩写上文的内容。（至少选用5个）

那一年　绿油油　迷上　崇拜　盘问　辩护　英雄　普通

（100字）

3 边读边练

1. 阅读下文，并给故事续写一个结尾，然后说一说这样结尾的理由。

狮身人面怪物的谜语

在埃及[①]的金字塔旁边，有一个巨大的狮身人面石雕，据说它就是传说中的怪物斯芬达克斯。关于它，还流传着一个猜谜的故事。

据说，这个狮身人面怪物还没变成石雕之前是很凶的，它坐在一条通往开罗的必经之路[②]上，经过此地的人都要猜它的一个谜语，凡是猜不着的人，都成为了它的美餐。那个谜语非常奇特，一直没有人能够猜对。大家都说，要通过那条路，真是比登天还困难。于是，必须要去开罗的人只好绕道[③]而去，可去可不去的人干脆不去。

一个英俊、勇敢、聪明的年轻人听说了这件事，他决定去试一试。别人都劝他不要去，因为去那里太危险了，但是他坚持要去，谁也拦不住他。

斯芬达克斯一看见有人来了，非常高兴。他照例又让年轻人猜谜语："什么东西早上是四条腿，中午是两条腿，当太阳落山时又变为三条腿？"

"这……"年轻人确实感到难猜，紧张得汗如雨下。

"快点儿！"说着，它就张开那比山洞还大的口，恨不得一口把年轻人吞下。

"是'人'！"小伙子说话了。

"你说什么？"它知道这个青年人猜对了，感到万分的惊慌，但仍不死心："为什么是'人'？"

"因为，人刚生下来还不会行走，所以手脚并用爬着走，这就是四条腿。当人长大了，就学会了走路，独立行走，不就是两只腿吗？当人老了，走路必须拿着拐杖，这就是三条腿。"

....

....

① 埃及（Āijí）：Egypt

② 必经之路（bì jīng zhī lù）：必须经过的路。

③ 绕道（ràodào）：走较远的路。

2. 给下面的短文续写一个结尾，并说一说这样结尾的理由。

弱小者的力量

一般来说，强大的事物总是令人敬畏[1]，而弱小的东西则总是被人们忽略。可是，我发现，在生活中，弱小者并不意味着没有力量。看看下面的例子：

一天，突然刮起一阵巨大的狂风。狂风中，一些大树被吹断了，还有一些大树被连根拔起，倒在地上，而那些小小的、矮矮的树，却仍然顽强地站立着，没有受到任何影响。

一只大狮子，它发怒的时候吃掉了无数动物，可是，一只小小的蚊子飞到它的腿上，轻轻松松地吸它的血。狮子愤怒的声音让全世界都听见了，但却无法把蚊子甩掉。

“千里之堤，溃于蚁穴[2]”，这是汉语中的一个成语，意思是说，千里长的大堤坝，由于一个小小的蚂蚁洞，就有可能会全部毁坏。

……………………………………………………………………………………

……………………………………………………………………………………

3. 上面两段短文中画线的句子在表达上有什么特点？试说说它们的表达效果。

要通过那条路，真是比登天还困难：____________________

紧张得汗如雨下：____________________

狮子愤怒的声音让全世界都听见了：____________________

4 参考练习

试用夸张的修辞方法完成下面的句子：

（1）屋子里一下子安静下来了，静得____________________

（2）这个人在花钱方面十分小气，____________________

---

① 敬畏（jìngwèi）：敬重而惧怕。

② 千里之堤，溃于蚁穴（qiān lǐ zhī dī，kuì yú yǐxué）：千里长的大堤，由于微小的蚂蚁洞而毁掉。比喻小事情不注意，能导致大乱子。

（3）这个人头上的头发已经很少很少了，________________

（4）今天天气非常炎热，________________

课后作文

选择下面的题目写一篇文章，你也可以自己拟个题目。（600字左右）

（1）童年的生活

（2）小学、中学、大学的生活

（3）小时候的梦想

（4）人生中最美好的时光

（5）什么样的人是我们学习的榜样

（6）自拟题目：________________

本课写作知识要点

（一）文章结尾的常用方法

结尾是文章的最后部分，能使文章有完整感。结尾的方法也是各式各样的，常见的有以下几种：

1. 说明事件的结局、讨论的结论，文章自然地结束；
2. 总结全文，强调主题；
3. 发表议论，抒发自己的感情；
4. 故意留下让读者想象的空间。

（二）文章的照应

文章的照应，是指文章的上下文在意思上互相配合，上文提出的问题下文有交代、回顾和适当的重复。这样做能突出文章主题，使文章结构更严密。

照应主要有两种：一是首尾照应，指文章的开头和结尾互相呼应。比如在本课范文《童年的回忆》中，开头是“人们都说，孩子眼睛里的东西总是美好的”，结尾是“他是我童年时眼中的英雄”，意思相同，这就是首尾照应。二是前后照应，是指行文里前后段落、句子之间的互相照应。这样，前后内容的联系就会变得紧密。例如，范文《童年的回忆》中第三段最后一句是“我每天从幼儿园回来后，马上就去汽车站坐公共汽车”，第四段第一句是“我乘坐的公共汽车是 3 点 45 分出发”，两段的内容联系得很紧密。

本课“边读边练”的练习中，讨论关于弱小不等于没有力量的问题，也可以写一个照应式的结尾，如：“生活中，弱小者也是有一定力量的，我们千万不要认为自己的力量弱小，就放弃了努力。”

（三）修辞方法之一——夸张

为了使文章更吸引人，我们常常使用修辞的方法，让文章更有艺术性。

夸张是汉语写作中的一种修辞方法，指为了调动读者的想象力，达到较好的表达效果，运用夸大的方法来表现事物。试比较以下两个句子：

① 她的哭声非常大。

② 她的哭声十公里以外都能听见。

后一个句子显得更生动，给人留下的印象更深。又如下面的句子：

③ 这件事情对母亲的打击很大，她的头发一夜之间全白了。

④ 我渴得嗓子都冒烟了。

⑤ 我饿得都成照片了。

⑥ 他刚说完，全场就爆发出雷鸣般的掌声。

4 异域风情

上次作文讲评

教师总评

优佳表达

偏误分析

学习心得

愉快走入第4课

1 本课导入

说一说：1. 人们为什么要去旅游？
2. 旅游能带给我们什么？
3. 你印象最深的一次旅游。

2 范文讨论与学习

1. 阅读下文并讨论：

（1）这篇文章哪些地方的词语和表达方式与口语表达不太一样？
（2）画线的句子在表达上有什么特点？试说说它们的表达效果。

说不尽的西安古城

在中国，我游览过许多地方。在我去过的地方中，有高楼林立、现代化程度很高的城市，比如上海；有美丽而不太发达的城镇，比如丽江。在这些城市中，最吸引我的是古城西安。

没到西安前，我想象中的西安是一个“白胡子老人”——他走过了千年历史，身上盖满了灰尘。可是，当我走进西安时，还是被打动了。与我去过的其他城市相比，西安的历史遗迹[①]简直是太多了，这些古迹透过岁月的灰土，向游客们解释着历史，诉说着古代文明的辉煌。

西安曾经是中国古代的政治、经济中心，历史上许多朝代[②]都建都于此。

去西安当然首先要看兵马俑。虽然对兵马俑我早有耳闻，但来到它跟前时，我还是被它宏大的规模惊呆了：一千多个与真人大小相同的兵马俑排列成阵，好像一支整装待发的军队。我一下子明白了，为什么当年是秦始皇，而不是别人统一了中国——因为秦始皇有这样一支军队。

---

① 遗迹（yíjì）：古代或旧时代留下来的痕迹。
② 朝代（cháodài）：某姓君主世代相传的整个统治时期。例如，唐朝，从公元618–907年的近300年间，都由开国皇帝李渊及其后代统治，唐朝就是中国历史上的一个朝代。

这些兵马俑五官清晰，神态生动，姿势、动作都不一样。我停留在一些兵俑前面，仔细观察他们的形象：他们站立在那儿，有的牵着马，有的手拿长刀，有的握着长矛，有的拿着弓箭。兵俑有的威武，有的则文静一些，有的脸部表情很严肃，有的则好像带有一丝微笑。此时此地，我好像回到了几千年前的秦朝。

作为世界著名的文化遗产，这些兵马俑被修复得非常好。我希望它们可以长久地留下来，让人们参观，回望久远的历史。

我还去参观了陕西历史博物馆，游览了古老的大雁塔、奇特的碑林、神秘的华清池，品尝了西安的牛肉面，还拍了很多照片。

独特的风土人情，让我记住了西安古城。它永远留在了我的心里……

2. 从范文中查找下列问题的答案，每题写出两到三个重点词语或句子，理解这篇文章的写作思路。

（1）“我”的旅游经历：

（2）“我”去西安前后的感觉：

（3）“我”对兵马俑的印象：

（4）“我”对兵马俑的描写：

（5）“我”参观的其他地方：

（6）“我”参观的感受：

3. 把范文概括成100字左右的短文，可以运用下面的句子组织概括的内容：

在这篇文章里，作者写了……。没到西安前，……。到了西安，……，……，……。作者还……。

（100字）

4. 试一试，写一写。

（1）用“在……中”改写下面这句话，并用“在……中”重新造句。

我喜欢旅游，也就走南闯北去过好多地方，其中有的规模宏大、闻名中外，例如长城；有的小巧精致，给人留下的印象深刻，例如云南的古镇。

（2）用“与……相比”改写下面这段话，并用“与……相比”重新造句。

我参观过颐和园，也参观过北海、景山等公园。颐和园有很多古迹，风景更美丽，规模更大，更有参观价值。

（3）用“此时此地”改写下面这段话，并用“此时此地”重新造句。

我在街上的古玩小店前购买物品，在古迹前拍下照片，在风味独特的饭馆里吃饭。在这个时候、这个地方，我已经忘记了我是一个生活在二十一世纪的人。

3 边读边练

1. 阅读下文并思考：括号里的词去掉好还是留下好？其间有规则可循吗？

伦敦印象

第一次来到伦敦，（我）觉得伦敦与我去过的许多城市都不一样。

（我）在伦敦街上，我很少看见有人大声说笑，偶尔有人打手机，这个人说话的内容很多人都能听到——不是因为他声音大，而是街上没有别的人大声说话。

有一次，（我）在地铁站台上等车。一个女孩儿也在等车，（她）大概是站累了，（她）想靠在旁边的皮箱子上休息一下，可是因为箱子没放稳，她当众摔了一跤。旁边的人都看见了，其中有一个男的“哈”地笑出了声，（那个）女孩儿显得很不好意思，（她）脸都红了，但更不好意思的是那个大笑的男的，（他）马上转身走开了，（他）因为在这种情况下大声笑是不礼貌的，比摔了一跤的人还要不好意思。

不过，也不要以为伦敦人不爱说话。我刚到伦敦时，（我）因为不认识标志，常常找不到地铁站，（我）只好向别人问路。只要一听到问路，那些正在急急忙忙走路的人，不论男女老少马上就会停下来，（他们）耐心地、认真地告诉我该怎么走，（他们）还有的主动为我带路，热情地跟我说话，尤其是那些年纪大的人，说得那么详细，以至于我都不知道该怎样结束谈话了。

我明白了，原来伦敦人说话是分时间、地点和角色的：当他们是普通行人的时候，（他们）就不说话或小声说话，而如果（他们）是需要为别人提供帮助的人的时候，就一定要详细地说，直到说清楚为止。

2. 把上文的内容概括成80字左右的短文。

（80字）

4 参考练习

1. 说说下面这篇大会发言稿的语体特点是什么，并在典型书面语词语下面画线。

各位老师、各位同学：

首先，我谨代表所有获奖的同学向大家表示衷心的感谢！

能够参加表彰大会并代表获奖学生发言，我深感荣幸。作为外国留学生，有机会在这样一个人文气氛浓厚的大学里学习，感受中国的历史文化和中国人民的友好情谊，我深感不枉此行。在过去的一年，我打下了良好的专业基础，汉语水平有了很大的提高，这其中有我自己的努力，也有老师们的帮助，更应归功于全体同学创造的良好的学习环境和学习氛围。我将永远记住在这里学习和生活的美好日子。

毕业在即，我想再一次向老师们、同学们表达自己由衷的感谢！恭祝老师们、同学们在新的一年里身体健康、事业成功！

李　文

2. 下面这份通知中，哪些地方用了书面语词语？请在下面画线。

通　　知

兹定于6月22日下午5点在友谊餐厅召开留学生与中国学生联谊会，为中外学生提供广交朋友之良机。届时请各位共进晚餐，共享美好时光。有意参加者请于20日之前到学生会报名。

此致

敬礼

学生会

课后作文

选择下面的题目写一篇文章，你也可以自己拟个题目。（600字左右）

（1）我的一次旅游

（2）我最喜欢的一个外国城市

（3）自拟题目：______________________

本课写作知识要点

（一）汉语的书面语

书面语原来是指用文字表达的语言，现在也指在正式场合发表的带有庄重、文雅、简洁特点的讲话（例如演讲、发言等）。汉语的词语有些常用于口语，如“大伙儿、聊天儿、比如”等，而有些专用于书面，如“双亲、情侣、抵达、会晤、倘若”等。

书面语在口语的基础上产生，是口语经过加工的形式，表达上更简洁。口语随想随说，可以马上补充修正，书面语要经过思考推敲，讲究严谨；口语可以借助语调、手势、情景，书面语要用标点符号，讲究用词的准确；口语表达中句子简短、语气词多、关联词语少，书面语句子可用复杂的长句，修饰语比较多，关联词也用得比口语多，讲究篇章结构的完整性。

（二）指代词语的作用

指代词语是文章中起指别、代替作用的词语，如“你（们）、我（们）、他（们）、这、那、这里、那里、这样、那样”等等。书面写作中不能经常重复上文已经提到的名称，所以经常要运用指代词语说明陈述对象。如果上文提到一个具体名称，下文就可以用指代词语来替代这个名称，起到使文章简洁而又富于变化的作用。如：

北京和上海最近开始了一项新的科技合作计划，这意味着这两个城市在人才交流方面有了更大发展。

这个句子中的“这”就代替了前面所说的那件事。同时，指代词语还有连接句子、段落的作用。如下面这段话，如果没有指代词语，关系就不明确，句子就连接不起来：

巧克力是孩子们最喜欢的食品。（它）虽然是小小的一块，可是给孩子们带来的乐趣是很大的。（它）能使正在哭闹的小朋友换上一张笑脸，使正在努力的孩子得到无言的鼓励，（这）是很多家长没有想到的。

指代词语的使用能使表达更为简洁。但是，如果文章叙述中涉及的对象比较多，则一定要注意指代的准确、清楚。如下面这个句子中的指代词语所指称的对象就不清楚：“张方和小南是好朋友，他下了课常常到他的宿舍去聊天儿。”

（三）修辞方法之二——拟人

把事物当做“人”去写，使其具有“人”的特点，这样的方法叫“拟人”。例如本课的范文《说不尽的西安古城》中，“这些古迹透过岁月的灰土，向游客们解释着历史，诉说着古代文明的辉煌”就运用了拟人的方法，使所写的事物人格化，让读者感觉更亲近。

5 热爱美食

上次作文讲评

教师总评

优佳表达

偏误分析

天天向上

学习心得

愉快走入第5课

1 本课导入

请阅读下面的短文，然后用所给的词语简单概括一下短文的意思。概括后互相交流，老师简评。

我最喜欢的食物是寿司。因为：一、寿司看起来很美，有黄色的胡萝卜、红色的火腿、绿色的菠菜、白色的米饭，它们包在紫红色的紫菜里。这么美的食物，吃的时候食欲会很好。二、做寿司的材料没有严格的规定，很灵活，可以把自己喜欢的材料包在里面。这样，做出来的寿司一定是自己最喜欢的。三、做寿司也不难，只需把菜烫一下，在米饭中倒点儿香油，放入切好的火腿、蔬菜，用紫菜紧紧地包起来。出门游玩，把寿司放在饭盒里带到外边吃很方便。四、寿司有营养，是一种健康食品。

食物　　食欲　　材料　　灵活　　把　　方便　　营养

2 范文讨论与学习

1. 阅读下文并讨论：

（1）文章每一段的连接特点是什么？

（2）画线的句子在表达上有什么特点？

我是个“小馋猫[①]”

【1】小时候我有三个心愿：一是读遍天下好书，满足自己好奇的愿望；二是买下所有漂亮的布娃娃，满足自己好玩儿的心愿；三是尝尽世上美食，满足自己好吃的天性。妈妈说我小时候就贪吃[②]，说我学说话时，第一个说出的词是“妈妈”，第二个词就是“吃”，不知这是不是真的。还有一个笑话，在我

① 馋猫（chánmāo）：馋，贪吃。馋猫，比喻贪吃的人。

② 贪吃（tānchī）：特别喜欢吃好吃的东西。

八九岁时，有一天，家里来了许多客人一起吃饭。听说我看过《红楼梦》，大家就故意考我，问我对这本书印象最深的是哪一章。我马上就说：“是刘姥姥进大观园那一章。”大家都频频点头，又问：“那么，你能说说那一章的内容吗？”我说：“我最喜欢刘姥姥吃的茄子和点心。”接着，就流利地背起来：“鱼香茄子、绿豆糕……”大家都笑着说：“你真是一只小馋猫。”

【2】长大后，我一直相信，热爱美食的人对生活也是充满热情的。真的，看着那些颜色鲜艳、散发着诱人香气的食物，心情一下子就会单纯、开朗起来。我的一个好朋友常常约我一块儿吃饭，她说：“看见你吃饭时手舞足蹈的样子，我也非常高兴，胃口大开。”原来好胃口和好心情一样是可以“传染”的！

【3】我也一直相信美食有一种让悲伤停止的力量。记忆中有一个寒冷的傍晚，我心里珍惜多年的一份感情被伤害了，我孤单地在寒风中走了几个小时，眼泪都流完了，连路灯都在冷淡地嘲笑我。晚上十点多，我实在走不动了，于是进了路边的一家小店，要了一份咖喱饭。当那一盘色泽诱人的金黄色米粒摆在我面前时，我冰凉的心慢慢温暖起来，已经麻木的知觉开始复苏了！

【4】我还一直相信，美食能让人发挥创造力。我六岁那年，妈妈过生日，我勇敢地担任了厨师，做了一桌子的菜：煮鸡蛋、水蒸蛋、炒鸡蛋、煎荷包蛋……摆了满满一桌子，还起了个好听的名字——“满蛋全席”。此后，我不断创新，不断进步，从麻婆豆腐到英式薯条，从饺子到意大利面，无不受到称赞。

【5】喜欢美食的人有时难免挑剔。有一次，我埋怨妈妈做的菜口味单调，缺乏新鲜感。妈妈只是笑笑，可爸爸却为妈妈说话了：“你吃腻了？我吃了几十年还没吃够呢！”

【6】后来，我又像翅膀长硬了的小鸟，飞离了温暖的家，到外地上学。然而，飞离家门的“小鸟”还是改不了“馋猫”的习性，爱吃美食的习惯一如既往[③]。我最喜欢吃学校附近一家小店的菜。有一天，我下课后又来到这个小店，吃着吃着，突然明白了自己喜欢这里的原因：这些菜的味道很像妈妈做的菜啊……原来，“小馋猫”最爱吃的还是妈妈做的菜，家乡的菜。

（选自《文学故事报》，作者李娜）

---

③ 一如既往（yìrú jìwǎng）：和过去完全一样。

2. 试分析范文每一段的连接特点。

【2】长大后，我一直相信，……

【3】我也一直相信美食有一种让悲伤停止的力量。……

【4】我还一直相信，美食能让人发挥创造力。……

【5】喜欢美食的人有时难免挑剔。……

【6】后来，我……

3. 选用下面的词语，把上文的内容概括成100字左右的短文。（至少选用5个）

天性　好吃　开朗　胃口　诱人　悲伤　力量　创造　口味

外地　吃着吃着……

（100字）

4. **试一试，写一写。**

（1）用“一是……，二是……，三是……”改写下面这句话，并用“一是……，二是……，三是……”重新造句。

父亲有三个爱好：喜欢京剧，喜欢养小动物，喜欢看电视剧。

（2）用“此后”改写下面这段话，并用“此后”重新造句。

六岁的时候，我第一次为妈妈做了晚饭。第一次做了晚饭后，我对烹调的兴趣不断增加，烹调水平也不断提高。

（3）用“难免”改写下面这句话，并用“难免”重新造句。

刚到国外生活，很可能会感到孤独，不习惯新的环境。

（4）用“V着V着（如“吃着吃着”），……”改写下面这句话，并用“V着V着，……”重新造句。

下午我和一个朋友一边喝咖啡一边聊天儿，就在这时候，我们都想起了一位老朋友。

3 边读边练

1. 阅读下文并讨论：文章各段落的连接特点是什么？

中餐和西餐

我常有机会吃西餐，然而似乎我还是更喜欢中餐。我知道，西餐非常讲究营养均衡[①]和饮食卫生，但是，那些还有点儿红的牛排、生鱼，那些黄油，还有用生的蔬菜叶拌的沙拉，总让我的胃感到不太舒服。

我觉得中餐更好。然而，我有一个英国朋友，他虽然很喜欢中餐，却不同意我的看法。我们认真地讨论了一次，客观地比较了一下中餐和西餐。最后，我认为他的话有道理。

中餐和西餐各有自己的长处和短处。先说西餐。牛排是西餐的代表“作品”。点牛排时，饭店里的服务员一定会问：烤还是煎？要几成熟？五成？八成？全熟？厨师完全按照顾客的要求煎烤，而且也不加调料。调料要在牛排上桌后，顾客自己加，放多少盐或者胡椒粉，放多少柠檬汁或番茄汁，全按顾客口味决定。虽然西餐里也有一些规定，如西式早餐，一般是一杯热饮、一杯果汁、一份肉食、两个鸡蛋及面包，但还是给顾客留下较多的选择余地：热饮可以选咖啡、牛奶或红茶，自己选择加糖或不加；果汁有橘子汁、西瓜汁、番茄

①均衡（jūnhéng）：均匀平衡。

汁等多种；肉食、面包也有多种，面包抹黄油还是果酱，由自己选择，还可以多要；鸡蛋，可煮可煎，煎成什么样子，煮到什么程度，都由顾客自由选择。再谈谈中餐。吃中餐时有固定的菜单，服务员一般不会问顾客有什么要求。一道菜怎么做，是煎是炒，是煮是蒸，生熟老嫩，放不放辣椒、醋，加多少油，放多少盐，一切都由厨师决定。无论什么人来吃，无论吃的人口味如何，同一道菜厨师总是同样的做法，所以总是同样的味道。顾客是否喜欢，合不合口味，厨师就不管了。另外，吃中餐一般是共餐制，大家都是围桌而坐，一起食用各个盘子里的菜；吃饭的时候，年龄、地位、身份不同的人坐哪个位置还有一些规矩，即便不讲究规矩，大家同吃一桌饭，吃多吃少、吃这个还是吃那个，也是互相关联的，不能每个人想怎么吃就怎么吃。若是在正式的宴席上，规矩就更多了。喝什么酒、喝多少酒、愿不愿喝，一般都由不得你。而西餐则是分餐制，各人自己决定吃什么、吃多少，不用互相客气，彼此互不干扰。西方人喝酒也是全凭自愿，喝不喝酒、喝什么酒、喝多喝少，没有人会勉强你。

相比之后，我不得不说，西餐体现出的饮食观念对不同的人来说，还是更合理一些，也更自由。按道理说，吃饭应该是一种个人行为，吃的感觉怎样，只有自己知道。在这方面，西餐尊重个人要求，而中餐则更强调共性。

（节选自《北京晚报》，有删改）

2. 把上文的内容概括成100字左右的短文。

（100字）

4 参考练习

文中加下画线的是各段的连接语句。说一说，如果没有这些连接语句，文章的表达效果会不会受到影响。

法国人的就餐[1]习惯

法国人在饮食上很讲究艺术性。单是餐桌的布置，从桌布、餐巾的精心选择到餐具的颜色、风格都要完美统一，还要考虑灯光、蜡烛的配合。同时，他们也注重实际，无论是大型宴会还是便餐，一般都是上四道菜，这样，既能使人吃好又不浪费。

第一道是冷盘。冷盘用各种蔬菜做成，放上专门的调料，正式宴会也用海鲜代替蔬菜。第二道菜是主菜，常为肉食，或是牛肉，或是羊肉、鱼等，一般是炸的或烤的，再配一些蔬菜。第三道菜主要是奶酪。法国现有365种以上的奶酪，一天吃一种，一年都不会重复。这些奶酪有带葡萄干的、有带核桃仁的，有软的、有硬的，有咸的、有辣的……法国人习惯把奶酪夹在面包里吃，百吃不厌。最后一道菜是甜食，即甜点心、水果或冰激凌。

除了食物，法国人对喝的更为讲究。他们的饮食离不开酒，他们以葡萄酒为主，但不同的食物配不同的酒。在正式宴会中，人们先喝开胃酒，吃一些小点心之类的东西。开胃酒的种类有伏特加酒、威士忌、金酒等，度数一般在16度至40度之间。冷盘上来后，一般喝白葡萄酒或红葡萄酒，度数一般是11度或12度。吃主菜时，法国人习惯于边吃红肉（即牛肉、羊肉等）边喝红葡萄酒，如果吃白肉（即鸡肉、鱼等）就喝白葡萄酒。当上奶酪时，一般喝红葡萄酒，如讲究一些的，要喝专门的配合吃奶酪的红酒。最后在吃甜食之后，他们习惯喝点儿消化酒，如法国香槟酒、白兰地等。酒在法国的饮食中，成了非常重要的佐餐[2]食品。

从上文可以看到，奶酪和葡萄酒在法国的饮食中，都扮演着非常重要的角色。因此，我觉得法国人的就餐方式既讲究实际，又富有艺术性。

课后作文

选择下面的题目写一篇文章，你也可以自己拟个题目。（600字左右）

（1）我喜欢的一种食品

（2）我会做××

①就餐（jiùcān）：吃饭。
②佐餐（zuǒcān）：就着主食吃。

（3）中餐和我的家乡饭

（4）自拟题目：________________

本课写作知识要点

（一）段落之间的衔接连贯

写文章从一件事写到另一件事，从一个问题写到另一个问题，需要用衔接的词语或句子。具体方法如下：

1. 利用关联性词语衔接上下文。参考下表：

类　别	段落间常见的衔接性词语
时间词	不久　随后　接着　在那以后　后来　正在……的时候
处所词	在……里　路上　……里　……前
副词、连词	终于　果然　另外　然而　至于　所以　但是　因此　如果
表示顺序的词语	首先　其次　第一　第二　最后
表示逻辑关系（承接、归纳、总结、补充、比较）的词语	言归正传　这就是说　相比之下 总的看来　由此可见　综上所述　总之 既然如此　话说回来　仁者见仁，智者见智

2. 利用词语的重复，衔接上下文。

本课范文《我是个“小馋猫”》中，有不少重复使用的词语：

长大后，我一直相信，热爱美食的人对生活也是充满热情的。真的，看着那些颜色鲜艳、散发着诱人香气的食物，……

我也一直相信美食有一种让悲伤停止的力量。记忆中一个寒冷的傍晚，……

我还一直相信，美食能让人发挥创造力。我六岁那年，……

“我一直相信”这句话的几次重复，就起了连接作用，衔接了几个内容近似而又有所区别的段落。

3. 利用设问句衔接。设问句有组织上下文的作用。如：

以上我们谈了上海的城市特点。那么，北京又有哪些特点呢？

北京的特点首先体现在建筑风格方面。……

（二）修辞方法之三——比喻

比喻是用具有类似特点的事物来比拟另一种事物。比喻的作用，一是对事物的特征进行描绘，使事物生动具体，给人留下鲜明深刻的印象；二是用浅显的或人们熟悉的事物说明抽象的道理，便于人们理解。

汉语的比喻有三种：一、明喻，用比喻词“像”（如“我又像翅膀长硬了的小鸟，飞离了温暖的家，到外地上学”）；二、暗喻，用比喻词“是”（如“你真是一只小馋猫”）；三、借喻，不用比喻词，要说明的事物也不出现（如“不论困难多大，我们都会充满信心地迎接暴风雨”，句中的“暴风雨”是指困难）。

比喻的使用有习惯性，也有比较强的文化色彩。比如，中国人不会把自己喜欢的漂亮女人比喻成“狐狸精”，也不会把喜欢的人比喻成“狗”，这样的比喻有贬义，使用时要注意。

6 电影和明星

上次作文讲评

教师总评

优佳表达

偏误分析

天天向上

学习心得

愉快走入第6课

1 本课导入

说一说：1. 你能用汉语说出多少明星的名字？

2. 你崇拜过明星吗？如果崇拜过，崇拜的是谁？如果没有崇拜过，为什么？

3. 你怎样看待追星族？

2 范文讨论与学习

1. 阅读下文并讨论：

（1）文章写的人有哪些特点？

（2）连续画线的句子之间有什么关系？

我喜欢电影明星成龙

我的很多同学都喜欢明星，可是我并不是一个追星族成员，相反，我常常对一些明星的表演提出批评。尽管这样，我还是和很多人一样，喜欢成龙主演的电影。

成龙是一位著名电影演员，他演的电影大部分是功夫片，例如《醉拳》等。从80年代开始，他主演的电影在香港、台湾和中国大陆就很受欢迎。90年代，成龙进入美国好莱坞演艺圈，与许多美国演员合作，出演了一系列电影，美国人从此也认识了成龙。可以说，成龙是一名优秀的电影演员。

我为什么喜欢成龙呢？第一，他勇敢而且幽默；第二，他有天分而且努力；第三，他善良而不骄傲。

首先，他非常勇敢。他在电影中表演的动作常常非常惊人，可他从来不用别人代替，而是自己亲自表演那些危险的、高难度的动作。听说他受过无数次的伤，可他坚持不让别人代替自己。当然，他那高水平的功夫在演员中也是数一数二①的。

① 数一数二（shǔ yī shǔ èr）：形容突出。

其次，他的表演中有幽默机智的动作，使人看了非常轻松。他常常开玩笑，语言幽默，样子也幽默，幽默中表现出他的聪明、机智；他有时候显得有点儿"傻"，而且还闹了许多"笑话"，但这都让人感到他的可爱和善良。

成龙是一个很努力的人，他的表演能力很强，他的语言水平也很好。他的香港话是地道的，并且，他的汉语普通话也说得非常好。由于在美国工作的需要，他一边工作一边努力地学习英语，他的英语表达也非常流利。很多人说这是因为他聪明，有语言天分，可我们也得承认，学好语言需要付出极大努力，不经过努力，再高的天分也得不到这样的成功。

最后，他的善良让我感动。他的样子看起来就很善良，这使他常常得到扮演好人的机会，虽然有时在电影中他显得很"傻"。他总是帮助那些弱小的、受到欺负的人们。在电影的结尾，有些人感谢他，有些人却忘记了他，而他总是表现出让人发笑的怪样子，消失在人们的视线中。在实际生活中，他常常给慈善②机构捐款③，帮助遇到灾难的穷人。

另外，我觉得成龙是个不骄傲的演员，他脸上老是挂着让人愉快可亲的微笑，让人觉得他很容易接近。

香港应该感谢成龙，他使人们称赞：香港有这么好的演员！香港有这么好的电影！香港有这么好的功夫！我们也应该感谢成龙，他给了我们那么多愉快的时光，给了我们那么多的惊奇。

2. 成龙有哪些特点？简要写几个词语。

第一，……………………………………

第二，……………………………………

第三，……………………………………

3. 把范文概括成 100 字左右的短文，可以运用下面的句子组织概括的内容：

这篇文章写了作者喜欢成龙的原因。首先，……。其次，……，……。最后，……，……。

② 慈善（císhàn）：关怀别人，富有同情心。

③ 捐款（juānkuǎn）：拿出来用做帮助别人的钱。

（100字）

4. 试一试，写一写。

（1）用"……，相反，……"改写下面这句话，并用"……，相反，……"重新造句。

很多人都喜欢买名牌的衣服、鞋子，我并不赞成这样的做法，我经常在超市买衬衫、鞋子，觉得在那里买的东西也很好用。

（2）用"尽管这样"改写下面这段话，并用"尽管这样"重新造句。

他付出了极大努力，取得了很大的成就。可是，他还是谦虚待人，从不骄傲。

（3）用"由于……的需要"改写下面这句话，并用"由于……的需要"重新造句。

我们公司有很多客户在亚洲，根据这种情况，公司派我来北京。

（4）用"……这么……，……这么……"改写下面这句话，并用"……这么……，……这么……"重新造句。

我感谢我的父母，是他们给我创造了好的生活条件，把我送进了数一数二的好大学，我的一切，都是他们给予的。

3 边读边练

1. 阅读下文，体会设问句的用法。

我喜欢篮球明星姚明

我从小就喜欢篮球。最早听到姚明的名字，是一次偶然的机会，我看到了一篇文章，文章里对姚明的介绍一下子吸引了我，我很想看一下那个长着2米26的高个子的人究竟是什么样的。

第一次看姚明的篮球比赛，我觉得姚明比我想象的还要高，尽管看第一场比赛他没有得分，但我喜欢他那种诚实、憨厚的表情，喜欢他那低着头走路的样子。在以后的比赛中，我看到了他连续进三个“盖帽子”球的辉煌，也看到了他一球不进的尴尬，可是我一直没有放弃过对他的关注。

以后，凡是有姚明出场的比赛我都尽可能看，我注意着姚明每场比赛的表现，注意着外界对姚明的评论。开始我的注意很简单，只是看看姚明的表现怎么样，但到后来就开始和别人争论了。听了别人对姚明的批评，我总是想替他说话，总是觉得他已经尽了最大的努力。

因为喜欢姚明，我花了大量时间看火箭队的比赛，脑子里装满了对火箭队的了解，也迷上了NBA。以我从小对篮球的喜爱，即使没有姚明我也会喜欢NBA的，但姚明让我更喜欢它。

我也常想，我为什么会喜欢姚明呢？只是因为喜欢篮球吗？不，是因为姚明让篮球更有吸引力，他给大家带来了更多快乐，也让我们看到了努力、诚恳做人的魅力。姚明总是那么谦逊，正像我心中一个中国传统男人的样子。即使十年以后，姚明老了，我也不会改变对他的喜爱，正如我对足球明星杨晨一如继往地喜欢一样，不会改变。因为，那是我心里一种对具有优秀品质的英雄的喜爱。

2. 完成下面的句子：

（1）什么是幸福？难道有了家财万贯就是幸福吗？

……………………………………………………

……………………………………………………

（2）什么叫明星？上过两次台，唱过几首歌就成明星了？

……………………………………………………

……………………………………………………

4 参考练习

请找出文中的多层次语句和设问句。

从人类的普遍现象来说，一般人对父母都是心存感激的。父母给了自己生命，他们辛辛苦苦把孩子养大成人。然而，我觉得父母把我带到这个世界上来，辛苦地把我养大成人，并不是我感谢父母的全部原因。任何生物都有繁衍后代的本能，人也是这样。人生到这个世界上来，都是偶然的。而且，父母给了孩子生命，却不知道是否会给孩子幸福。

那么，我呢？我对父母的感激在哪些方面呢？和一般人一样，我对父母的养育之恩心存感激。在那个条件艰苦的年代里，父母都想方设法给我和兄弟姐妹提供衣食，哪怕他们自己忍受饥饿、寒冷。

在感激父母的养育之恩的同时，我也感激父母给我们提供了他们能够提供的最好条件。我们虽然上的不是最好的学校，用的不是最好的学习用具，也没有机会学一些额外的课程，但是，我知道他们已经尽力了，他们的学识、能力只能是这样。妈妈始终为我们的学习操心，她每天都很早就起床，为我们做好早饭，让我们按时上学。

我最感激的是父母对我们的爱。他们的爱是特别的，不常用语言表达出来。我的父母并不是特别有能力的人，他们不善于言辞，他们的爱是默默的。自从我们懂事起，父母就把我们当做大人，有事总跟我们商量，听听我们的看法。他们也教我们爱别人。每当有乞丐上门要钱要饭，父母都让我们拿点儿吃的，拿点儿零钱亲手交给他们，从来不说他们脏、他们傻。从他们那里，我学到的是最朴素而又最深厚的爱。

课后作文

选择下面的题目写一篇文章，你也可以自己拟个题目。（600字左右）

（1）我喜欢的一位演员

（2）我喜欢的一个电影角色

（3）自拟题目：______________________

本课写作知识要点

（一）多层次句子之间的衔接连贯

这里说的多层次句子，由三个以上的句子（分句）、多层意义构成，也可以叫句群。如：

> 我的很多同学都喜欢明星，<u>可是</u>我并不是一个追星族成员，<u>相反</u>，我常常对一些明星的表演提出批评。

上面的句子里有几层关系，用“可是”、“相反”连接起来。

文章由许多多层次句子组成，它们分别叙述或者说明一个关系密切的话题。多层次句子之间的连贯性是非常重要的，应该相互联系、上下承接。多层次句子间的衔接手段主要有：

1. 用各种关联词语（如“因为”、“而且”等）连接各个层次的句子。

2. 按照句子（分句）意思的逻辑自然连接，强调各句子（分句）之间意义上的承接关系，也叫“意合法”。如：

他的表演中有幽默机智的动作，使人看了非常轻松。他常常开玩笑，语言幽默，样子也幽默，幽默中表现出他的聪明、机智。

（二）修辞方法之四——设问

设问是一种自问自答的修辞方式，问句之后有明确的答案。运用设问的方法，可以引起读者的注意和重视，适当地进行强调；也可以用于文章的组织，承接上文，连接下文。如：

有了钱就可以幸福吗？可能大多数人都会摇头。

今年天气是正常的还是异常的？据有关专家分析，应该属于正常的。

7 社会的变迁

上次作文讲评

教师总评

优佳表达

好好學習

偏误分析

天天向上

学习心得

愉快走入第7课

1 本课导入

从小学到大学，我们读过不少书。哪一本书给你留下的印象比较深？请写下那本书的名字，说明一下书的主要内容。可以用下面的词语：

印象　　深刻　　受到　　启发　　感动　　思考　　鼓励

2 范文讨论与学习

1. 阅读下文并讨论：

（1）下面这篇读后感在内容上可分为哪两大部分？

（2）哪一段是过渡段？

（3）有下画线的句子写作上有什么特点？

读《先人们的快乐》有感

最近我读了一篇中学生写的文章，叫《先人们的快乐》。文章写的是将来的事：一百多年后的2155年，一个叫唐米的男孩儿，在家中的储藏室[①]里发现了一本“真正”的书，书是由一页页纸订成的，已经发黄了。他的妹妹非常吃惊：“这些字怎么固定在纸上？怎么不是在电脑屏幕[②]上移动着的？”唐米告诉妹妹，这是一百多年前的书，是爸爸的爷爷用的书。那时，在学校的教室里，孩子们在一起上课，下课一起玩儿，老师不是电脑上的几个模拟人像，声音也不是从扩音器里传出来的，这些都和现在的网络学习方式不一样。在学校里，同学们一起讨论，一起读书，能看见对方的任何表情，而不是一个人孤零零[③]地面对电脑，这是多么有趣的学习方法啊！妹妹听了羡慕极了。

读那篇作文时，我只是觉得很有意思，佩服这个中学生丰富的想象力。可后来，这故事一直留在我的脑子里，让我思考。

---

① 储藏室（chǔcángshì）：收藏、保存东西的地方。

② 屏幕（píngmù）：电脑、电视机用以显示图像的部分。

③ 孤零零（gūlínglíng）：单独的。

现在，随着高科技网络技术的发展，用电脑写作的人越来越多，有些人已经很长时间不用笔，以致一些常用的字也写不出来了；一些人已经不用每天上下班，而是坐在家里的电脑前办公，不用每天和同事见面；有的人不去学校了，在网上选修自己喜欢的课并参加考试；医院里的复杂手术可以让世界上的名医通过电脑一起来做；光盘里有名著、电影，不需去书店、电影院了，去电影院的美好感觉也陌生了……

去年，我的哥哥去国外留学了，有人问我妈妈："你会想孩子吗？"妈妈说："好像没觉得他离开我们多远啊，每天我们都可以通过网络电话聊天儿……"可是，她以前也说过，当年我爸爸在国外学习时，一封信得等两个星期，那些等待的日子既着急又甜蜜，那些信就是当时最好的礼物。

信息和网络的快速发展，压缩了时间和空间，人们减少了思念亲人的痛苦，但也失去了等待的甜蜜。我们没有时间仔细地欣赏周围的风景，什么是"盼望"的甜蜜，什么是"久别重逢④"的幸福，什么是"家书抵万金"，我们已经不知道了。还有多少美好的感觉正在离我们越来越远呢？

我在思考着……

2. 从范文中查找下列问题的答案，每题写出两到三个重点词语或句子，理解这篇文章的写作思路。

（1）《先人们的快乐》这本书的内容主要是：

....

（2）从书的内容转到写自己的想法，文章用了哪些词语？

....

（3）"我"思考的主要内容是：

....

（4）文章的结尾有什么特点？

....

④ 久别重逢（jiǔbié chóngféng）：经过长久的分别，再次见面。

3. 试一试，写一写。

（1）用“写的是……”改写下面这段话，并用“写的是……”重新造句。

最近我读了一本名叫《我的遥远的清平湾》的小说。小说的作者叫史铁生，主要内容是“文化大革命”时，一群知识青年在陕北的事情。

（2）用“V的是……”改写下面这段话，并用“V的是……”重新造句。

最近我看了一个电影，名叫《变脸》。电影的主要内容是一个孤身的变脸艺人领养了一个女儿，以及和这个女儿之间悲欢离合的故事。

（3）用“可后来……”改写下面这段话，并用“可后来……”重新造句。

我和晓晓是中学同学，他是我中学时代最铁的哥们儿。那时我们俩好得像一个人，天天形影不离，一分钟也分不开。我上高中时，我们家搬到了另一个城市，渐渐地，我们就习惯了分离。

（4）用“以致……”改写下面这句话，并用“以致……”重新造句。

他吃了一惊，惊得连筷子都掉落到了地上。

3 边读边练

1. 阅读下文并讨论：

（1）作者读的小说写了什么内容？读完小说后，作者有哪些想法？

（2）文章哪一部分是概述部分？哪一部分是议论部分？哪一段是过渡段？各部分有什么写作特点？

我能不能帮助可怜的祥林嫂
——《祝福》读后感

读了鲁迅的小说《祝福》之后，我心里很沉重，好像有一块大石头压在我的心里。祥林嫂那悲惨的命运，一直在折磨我的心。我仿佛看见那个花白头发的妇女在寒风中走着，走着……

祥林嫂原来是一个健康的年轻妇女，年纪大约二十六七，“但两颊却还是红的”。她经历了家庭的不幸——丈夫病死了，因为婆婆要卖她，她逃到了鲁镇，在有钱人家里干活。她很勤快：“手脚都壮大，……她整天地做，似乎闲着就无聊……”可是，她被婆婆派来的人带了回去，又嫁到了一个很穷的山村。她的不幸接二连三[①]地发生了：丈夫病死，儿子被狼咬死。她被赶出家门，又回到鲁镇，衣服还和第一次来时完全一样，只是脸上原有的红润都消失了。开始，鲁镇的人们还同情她，可后来就不愿意听她不断重复的悲惨故事了，主人

①接二连三（jiē èr lián sān）：一个接着一个，不间断。

家也要把她赶走。一些迷信的故事又折磨着她，她精神崩溃[②]了，最后，她成了乞丐，在风雪中挣扎着死了……

我读这本小说时，屋子外边也在下着大雪。走到窗前，我看着那纷纷的大雪，想寻找祥林嫂的影子。她在哪儿呢？我的眼泪流下来了。

我想，祥林嫂在临死前一定是希望得到帮助的，哪怕是一碗饭、一句安慰的话。可是，没有人知道她当时的需要，没有人愿意看她一眼。在人们的眼里，她只是一个已经死去的活人。

我想，假如我是一个生活在祥林嫂时代的人，我也生活在鲁镇，我也是一个女人，我能帮她吗？当然，我能！我有同情心，我不像鲁镇的人那么冷漠，我当然能帮助祥林嫂！

但是，当我冷静下来，我明白了，即使我和祥林嫂生活在同一个时代、同一个地方，我也无法帮助祥林嫂。在那个时代，女人是没有自由的，我还不知道自己会被嫁给什么人，被送到哪个穷山村去，我也不知道疾病什么时候会袭击我的家庭，我有什么力量来帮助祥林嫂呢？女人在那样的社会里是没有自己的地位，也没有力量的。

退一步说，在那样的年代，即使我不像祥林嫂那么悲惨——如果我有一个健康的丈夫、有健康的孩子、善良的婆婆，我能帮她吗？我也不能保证。我不能保证我在听了几十遍“我真傻”的故事后，还有那么好的同情心。因为我周围是那么顽固的封建风俗，我不可能完全不受环境的影响——环境的力量是强大的。在那样的社会里，我不可能受到很好的教育，也不知道祥林嫂悲剧的真正原因。我不可能帮助她。

想到这里，我理解了鲁迅写《祝福》时的心情。是的，个人的力量不可能挽救[③]祥林嫂的命运。我仿佛听到鲁迅在呐喊[④]：民众啊，走出愚昧，走出封建，建立一个民主的、理想的精神家园吧！

2. 把上文概括成100个字左右的短文，可以运用下面的句子组织概括的内容：

读了……，……。这本小说写了……，……。看完小说后，我心里很不平静，我想，……，但后来……，……。

---

② 崩溃（bēngkuì）：完全垮掉。

③ 挽救（wǎnjiù）：从危险或不幸中救出来。

④ 呐喊（nàhǎn）：高声喊叫助威。

（100字）

4 参考练习

读一读，下面这篇文章里，哪些句子之间有解释或总结的关系？

我看过一个童话故事，是丹麦作家安徒生写的《皇帝的新装》。这个故事很有意思，讲述了一位国王每天只考虑穿新衣服，不做任何工作，最后上了两个骗子的当，什么衣服都没穿就在大街上展示自己的“新衣”。令人深思的是，没有人去揭穿这个谎言，这些人甚至还说他的新衣服漂亮。最后，一个孩子天真的一句话，才指出了“新衣”的真相。

我想到了一个问题，如果我在那样的情况下，会不会揭穿谎言呢？我觉得会有两种结果。第一种是“会”，每个人都应该有正义感，面对谎言要勇敢地站出来。但是如果皇帝恼羞成怒，杀死所有看过他出丑的人，那我这样做对吗？

第二种是“不会”，我和大家一样，也害怕皇帝，怕惹出麻烦。如果这样，大家都会平安无事，但是，这样的社会，已经没有了真诚，每个人都会因种种原因不说真话，我们永远都听不到诚挚的话语，这样的社会又有什么意义呢？

课后作文

选择下面的内容写一篇文章。（600字左右）

（1）根据《读〈先人们的快乐〉有感》，写写自己的看法。

（2）根据自己读过的书或文章，写一篇读后感。

本课写作知识要点

（一）解说句

文章中常常是一句话还不够清楚，需要进一步说明或总结，这样的句子之间就有进一步解释或总结的关系，这样的句子叫解说句。常见的有：

1. 先总后分解说句：前一句总的说明，后面的两个或多个句子（分句）解释前一句的内容。如：

文章写的是将来的事：一百多年后的2155年，一个叫唐米的男孩儿，在家中的储藏室里发现了一本“真正”的书，书是由一页页纸订成的，已经发黄了。（前一句是总说，后面几句分别对第一句进行说明）

2. 先分后总解说句：最后一个句子（分句）总结前面几个句子（分句）的意思。如：

同学们一起讨论，一起读书，能看见对方的任何表情，而不是一个人孤零零地面对电脑，这是多么有趣的学习方法啊！（前面几句是分说，最后一句总结）

（二）读后感的重点和层次

读后感，是以读到的东西为话题，进行思想表达和讨论的写作方式，是叙述与议论结合，以议论、评论为主的文体。在读后感中，写感受的部分应是文章的重点，不必用很大篇幅去写读的内容本身。

写法上，一般先写“读”的内容，然后引出“感”的部分。如果感想多，还要区分好主要的和非主要的，分别陈述。读后感中要有观点，最好与所读的内容结合起来进行分析。

在“读”与“感”的中间，常常有一个起连接作用的过渡段，使两个部分结合得更自然。

过渡段是指文章里在各个部分中连接上下文的段落。一般来说，过渡段都比较简短。例如，《读〈先人们的快乐〉有感》中的第二段。

8 生命的意义

上次作文讲评

教师总评

优佳表达

偏误分析

天天向上

学习心得

愉快走入第8课

1 本课导入

中国有些成语、格言、诗句、俗语，蕴涵着很深的含义，比如“塞翁失马，焉知非福”、“有志者事竟成”、“工欲善其事，必先利其器”等。你喜欢哪些格言、诗句、俗语？（包括汉语的或者你的母语的）写在下面，说说喜欢的原因。

____

____

____

2 范文讨论与学习

1. 阅读下面的一封信并讨论：

（1）这封信的观点是什么?

（2）对这个问题，你有什么看法?

（3）文中引用了哪些名言?

关于生命的思考

尊敬的编辑：

你好！

我是一名护士，在医院里，我看到许多人在顽强地生存，而有些人却轻易地放弃了生命。有一句名言说得好：生命是一条艰险的峡谷，只有勇敢的人才能通过。

昨晚我上夜班时，那熟悉的救护车的声音又响起了。当时是晚上六点，推进来的是个小伙子，他服用了大量安眠药，已经处于深度昏迷状态，血压已经没了。我们立刻进行抢救。尽管我们竭尽全力，可是，回天无术，他的心脏还是停止了跳动。后来，我了解到，他自杀只是因为女朋友要和他分手，当时听到这些，我心里的感觉很复杂，不仅有对一个年轻生命的惋惜，更多的是感到难以理解。他家中还有年老的父母，我不明白他为什么这样轻视自己的生命，难道他没有想过会给亲人造成多大的伤害吗？

最近，媒体上报道的自杀事件比以前多了。他们的故事背后，常常有一些非常复杂的原因：有因为情感的，有因为疾病的，有因为经济压力太大的，有因为事业受到打击的。我来医院工作两年，见过不少轻生的人，有的抢救过来了，有的没有抢救过来。

哈姆雷特（Hamlet）有一句非常有名的话："To be or not to be? That's a question."（活着，还是死去？这是个问题。）这句话留给人们深深的思考。一位名人说过，人最宝贵的是生命，生命对于人只有一次。生命是美好、神圣的，需要我们加倍珍惜。我觉得，大部分选择自杀的人并没有到了必须放弃生命的地步，可是他们选择了放弃，我不会同情一个轻视自己生命的人。我不但不佩服他们的勇气，反而痛恨他们的自私。

现在还能想起那个小伙子在偶尔清醒时问我的话：我会不会死？我想他在那个时刻应该是后悔了，我能从他的眼神里看到他对生命的渴望。俗话说得好：世界上没有后悔药。生命是美好的，但生活的路不是平坦的，人人都会遇到挫折。有了挫折，才能让我们学会坚强，学会乐观。

祝所有热爱生活的人健康、快乐！

苹果妹妹

2. 从范文中查找下列问题的答案，每题写出两到三个重点词语或句子，理解这篇文章的写作思路。

（1）信的主要观点是：

……………………………………

……………………………………

（2）信中引用的名言、成语有：

……………………………………

……………………………………

3. 试一试，写一写。

（1）用“尽管……，可是……”改写下面这段话，并用“尽管……，可是……”重新造句。

生活中怎么会没有挫折呢？问题是，我们应该用一种坚强的心态来面对这些挫折，不要轻易放弃生命。

（2）用“不仅……，更多的是……”改写下面这句话，并用“不仅……，更多的是……”重新造句。

我想到了很多，有对那个年轻人的惋惜，还有对这种做法的不理解。

（3）用“不但不……，反而……”改写下面这段话，并用“不但不……，反而……”重新造句。

两个人的感情出了问题，应该好好儿交流。如果互相抱怨，并不能使问题得到解决，而且可能把问题弄得更复杂。

4. 把范文概括成100左右的短文。

（100字）

3 边读边练

阅读下文，并完成下面的练习。

关于生命的再思考

苹果妹妹：

你好！

晚报上登了你写给编辑的信。你的信说，对那些自杀者，你痛恨他们的自私。对此，我不太同意你的看法，也想通过书信和你交流一下。

生命中最美好的感情是爱情。我觉得为了爱情，人是可以作出任何牺牲的，包括宝贵的生命，我不同意用“自私”这样的词指责他们。在古今中外的许多爱情故事中，很多人为了爱情而牺牲。一位伟大诗人曾经写过这样的句子：生命诚可贵，爱情价更高。罗米欧和朱丽叶、梁山伯与祝英台也是为爱情而死的，对这样的人，你能说他们自私吗？他们表达了自己对爱情的追求和忠诚，这是一个人对自己人生的选择，我想也是命运的安排。难道为了父母、亲人，自己就不可以选择牺牲吗？另外，有的人活得太痛苦了，有的人已经失去了自己的理想，活着也就没意思了。我不会看不起这样的人，相反，这样的人很勇敢，还是值得敬佩的。

以上，我谈了对他们的看法，虽然和你的看法不一样，但有一点我跟你是相同的：愿意为世界上所有追求幸福的人祝福。

祝大家心想事成，一切顺利！

橘子

（1）信的主要观点是：

____

____

（2）信中引用的名言、成语有：

____

____

4 参考练习

选用合适的短语，填在下面最合适的地方。

可想而知　　是个自由平等的地方　　还是做人最好　　活得太艰难了

兔子是很善良的动物，它只吃青草，谁也不伤害。可是，它却会被很多动物伤害，这太不公平了！有一天，兔子就向上帝诉苦，说＿＿＿＿＿＿，它不想再当兔子了，要求上帝把自己变成别的动物。

上帝马上就同意了兔子的请求："好吧，你想变成什么？"兔子说："变成一只鸟，在天上自由地飞，那些狼呀、老虎呀，就再也抓不着我了。"于是上帝让兔子变成了鸟。可是没过几天，兔子又来诉苦："仁慈的上帝呀，我不想做鸟了，我在天上飞，老鹰能抓住我；我在树上休息，毒蛇又来咬我。这样的日子我过不下去了。"

上帝问："那你想变成什么呢？"兔子说："我想变成大海里的一条鱼，海里没有老鹰，没有毒蛇，＿＿＿＿＿＿。"上帝说："好吧。"上帝立刻把兔子变成了鱼。可是，这次更糟糕了，因为大海里到处都是大鱼吃小鱼、小鱼吃小虾的事情。过了几天，兔子又来了，要求上帝把它变成人，它说："＿＿＿＿＿＿，他们住在高楼里，使用最先进的设备，什么凶猛的野兽也不能战胜他们。相反，那些狮子呀、老虎呀，全被他们关在动物园里，让他们观看；那些鹰呀、蛇呀，都成了他们餐桌上的美味菜肴。您把我变成人吧。”

“好吧。”上帝微笑着答应了。可是，__________，兔子满意了吗？大家想一想吧。

课后作文

选择下面的题目或内容写一篇文章，你也可以自己拟个题目。（600字左右）

（1）一封信

（可以根据本课的两封信，写一封表达自己观点的信。可以写给两位作者，也可以写给其他人）

（2）人生的意义

（3）快乐的生活应该具备哪些因素

（4）介绍本国语言中的格言或谚语

（5）自拟题目：__________

本课写作知识要点

（一）引用在文章中的作用

写文章主要是用自己的话来陈述事件、说明道理，但是，也可以引用他人的句子，从而达到更好的表达效果。

引用是指把别人的语言运用在自己的文章中。文章中使用引用的方法有很多好处。首先，引用名家或别人的语句能增强说服力，即说明并不是自己的一家之见，众所周知的名言、谚语具有很强的说服力；同时，别人的话可能已经说得非常准确、精彩了，自己再怎么组织语言也比不上这些句子说得那么精练；另外，引用还能增加文章风格的变化，使之更生动活泼。如：“俗话说，‘十年树木，百年树人’，学校教书育人的确是一项艰苦的工作。”单引号里的句子就是引用了俗语，说明了学校教育工作的艰苦性、长期性。

运用引用的方法要注意使用引号。在加了引号的引文中一般不能改动原句的词语，以保证其真实性。引用的运用要适当，不要过多、过长，这样会遮盖了自己文章的特点。

（二）格言与谚语的引用

汉语中的格言是指富有教育意义或鼓励、劝诫意义的话。如“虚心使人进步，骄傲使人落后”、“良药苦口利于病，忠言逆耳利于行”、“先天下之忧而忧，后天下之乐而乐”等。

俗语是民间流传下来的、通俗而又富含道理的话。如“三个臭皮匠，顶个诸葛亮”、“远亲不如近邻”、“天下没有不散的宴席”等。

格言和谚语都是经过长时间的流传、大家熟悉和认同的道理。文章中适当地引用格言和谚语，能增加文章的生动性，增强说服力。

9 父母与孩子

上次作文讲评

教师总评

优佳表达

偏误分析

学习心得

愉快走入第9课

1 本课导入

说一说：1. 在你的长辈中，你跟谁沟通得最好，感情最深？
2. 说说你记忆中和长辈有关系的事情。

2 范文讨论与学习

1. 阅读下文并讨论：

（1）鲁迅作为文学家、作为父亲、作为儿子三种角色，有什么不同？
（2）文中有下画线的句子有什么特点？
（3）你还能从文中找出有相同特点的句子吗？

鲁迅与儿子、父亲

人们都敬仰①鲁迅，认为他是一个伟大而严肃的文学家，他好像永远在思考问题。但许多人可能没有注意到，鲁迅也是一个慈祥而温和的父亲。他的儿子出生在他四十多岁的时候，他给儿子取名“海婴”。<u>鲁迅在给朋友的书信里多次充满父爱地提到他这个淘气可爱的孩子</u>：“我们的孩子也很淘气，也是要吃饭的时候就来了，达到目的以后就出去玩儿，还发牢骚②说：‘没有弟弟，太寂寞！’是个颇伟大的不平家。”“海婴这家伙非常调皮，两三日前竟发表了颇为反动的宣言说：‘这种爸爸，什么爸爸！真难办。’”在这些句子中我们可以感觉到鲁迅写孩子时的幽默和温情。海婴也很爱父亲，鲁迅的朋友萧红在回忆录里说，在鲁迅病重的时候，海婴每天晚上睡觉前都到父亲的房间来说：“爸爸，明朝会。”有一天晚上，鲁迅的病很重了，海婴大声地喊：“爸爸，明朝会！”鲁迅不能回答，海婴拼命地喊：“明朝会！明朝会！”可惜他爸爸已经听不清楚而且没有能力回答了。

---

①敬仰（jìngyǎng）：尊敬、仰慕。
②发牢骚（fā láosao）：说抱怨、不满意的话。

鲁迅在年青时与他自己那位严格的父亲有过一段复杂的关系。鲁迅的父亲是中国的旧式家长，很严厉，对孩子毫不理解。在杂文《五猖会》里，鲁迅写了自己小时候被父亲严厉管教的事情。那一年，鲁迅还很小，和小伙伴们玩儿得正高兴的时候，被父亲从孩子群中叫出来。父亲命令他回家背书，他不敢违抗，只好含着眼泪回家读书，"……听到自己急急诵读的声音发着抖，仿佛深秋的蟋蟀③，在夜中鸣叫似的……"从这段描写中，我们能体会到鲁迅对父亲的不满和无奈。而在另一篇文章《父亲的病》里，鲁迅也写到，他曾在父亲即将去世的时候拉着父亲的手呼唤："父亲！父亲！"那一刻他感到很内疚④，因为他觉得自己理解了儿子和父亲之间的亲情，可惜太晚了。

父与子的关系是世界上最密切的血缘⑤关系而又是某种意义上的对立关系；父与子，是一个生命传承的自然过程，也是一个生活中带有哲学意义的复杂问题。我们都曾是儿子，又将会是父亲，如何做一个儿子、做一个父亲，真是一个言之不尽⑥的话题。

2. 从范文中查找下列问题的答案，每题写出两到三个重点词语或句子，理解这篇文章的写作思路。

（1）鲁迅给一般人什么印象？

（2）鲁迅是个什么样的父亲？

（3）鲁迅和父亲的关系怎么样？

（4）作者认为父子关系是一种什么样的关系？

3. 选用下面的词语，描写家庭中的鲁迅。（也可以运用一些学过的描写性格的词语，至少选用4个）

严肃　　慈祥　　严厉　　温和　　密切　　言之不尽

③ 蟋蟀（xīshuài）：一种昆虫，黑褐色的身体，头上的触角很长，后腿粗大，擅长跳跃。
④ 内疚（nèijiù）：因做错了事或对不起人而产生的不安。
⑤ 血缘（xuèyuán）：人类因生育而自然形成的关系，比如父母和子女、兄弟姐妹之间的关系。
⑥ 言之不尽（yán zhī bú jìn）：说不完。

（100字）

4. 试一试，写一写。

（1）用"……而……（如"慈祥而温和"）"改写下面这句话，并用"……而……"重新造句。

鲁迅是一个严肃的文学家，也是一个充满感情的作家。

（2）把下面的短句改写成一个中间没有停顿的长句子。

鲁迅在给朋友的书信里，多次提到他的孩子，说他的孩子又淘气、又可爱。

（3）把下面的短句改写成没有冒号的句子。

那是一个多么美好的季节：地上铺满了绿草，山上开满了野花，连空气中都散发着诱人的野花的芳香。

（4）把下面的短句改写成一个中间没有停顿的长句子。

那个地方风景优美，文化底蕴深厚，对游客极有吸引力。

3 边读边练

阅读下文，并完成下面的练习。

只要努力就行

一天傍晚，我去公园散步。湖边的椅子上坐着一对父子，男孩儿十二三岁的样子。我走过他们身边，听见了他们的对话。

父亲说："你好！"

男孩儿看着父亲，停了一下，说："洗澡。"

父亲又说："你好！"

男孩儿想了一下，说："你早！"

父亲还是说:“你好!”

男孩儿想了想,忽然清楚地说:“你好!”

父亲笑了,男孩儿也笑了。我很奇怪,问他们在练习什么。男孩儿的父亲说:“这是我儿子,刚上初中。三个月前,我们遇到一场车祸,他受了伤,现在耳朵听不见了。为了让他能像以前一样上学听课,我们每天到这里来,让他练习看口型判断发音。”

我说:“那多难啊!”

父亲说:“只要努力就行。他练习了十多天了,进步很大。”

父亲又对男孩儿说:“努力!”男孩儿认真地看着父亲的口型,说了几个发音近似的词后,他终于猜对了。

他们一遍遍地努力着。

我被这个场面感动了,被这位父亲的信心和男孩儿的努力深深感动了。

根据上文,把下面这段文章的意思补充完整。

一天傍晚,我去公园散步,看到湖边的椅子上坐着一对父子,男孩儿也就十二三岁。我走过他们身边,听见父亲说:“你好!”男孩儿看着父亲,停了一下,说:“洗澡。”父亲重复着________,男孩儿想了一下,说:“你早!”父亲又________,男孩想了想,忽然清楚地说:“你好!”

父亲笑了,男孩儿也笑了。我很奇怪,问他们在练习什么。男孩儿的父亲告诉我,男孩儿是他________的儿子,三个月前,他们遇到一场车祸,受了伤的________了。为了让孩子能像以前一样上学听课,他们每天到这里来,儿子在练习看口型判断发音。

我说:“那多难啊!”父亲坚定地认为,只要努力就行,因为儿子刚________,就有了很大进步。

父亲又对男孩儿说:“努力!”男孩儿认真地________口型,说了几个发音近似的词,最后他终于猜对了。

他们一遍遍地努力着。

我被这对父子感动了,被父亲的信心、耐心和男孩儿的努力深深感动了。

4 参考练习

1. 改写下面的短文，要求：

（1）把句子的顺序调整得更为合理；

（2）把有下画线的部分改写成中间没有停顿的长句。

我的朋友叫王东，他经历了很多困难，终于取得了事业上的成功。他出生在一个贫穷的家庭，是一个农村孩子。上大学以前，他从来没有走出过农村。他的母亲虽然没有上过学，却很聪明，同时也是一个善良、乐观的农妇，他的好听的名字据说就是母亲取的。他的父亲是一个木匠，整天都在干活，不太喜欢说话，是个很老实的人。

他从小就很聪明，从小学、中学到大学，他都是最好的学生。大学毕业后，他开始自己创业。经过一番努力，他的公司建立起来了，这是一个虽然很小，但是技术水平很高的网络公司。他常说："一个人能否得到事业的成功，不在于有多少资本，最重要的是有坚强的意志，作好遭受挫折的准备。"

2. 下面的短文里有几个括号，括号里有两个词，按照短文内容，选一个最合适的词。（可能两个词都可以，但可以选一个最好的）

今天王忠先生（到　光临）我们学院，给我们作学术报告，我们感到十分（荣幸　愉快）。王先生是一本（著名　不错）杂志的主编，他在长期的工作实践中积累了（丰富　很多）的经验，他主编的杂志读者（众多　频繁），他的观点和资料对我们来说都将是很有参考（帮助　价值）的。现在我们以（热烈　高兴）的掌声欢迎王先生。

课后作文

选择下面的题目写一篇文章，你也可以自己拟个题目。（600字左右）

（1）我和我的父亲（母亲、哥哥、姐姐、妹妹、老师等）

（2）怎样处理与父母的关系

（3）我看教育孩子的方法

（4）自拟题目：________________

本课写作知识要点

（一）词语的选择使用

选择词语，追求准确的表达，是写作中很重要的工作。我们在写作中不仅要注意表达的逻辑性，更要注意精心选择合适的词语。

准确而恰当地选用词语，才能清楚地表达作者的想法和意思，也代表着较高的写作水平。下面是词语选用要注意的几个方面：

1. 意义方面。词语都有特定的意义，写作时要注意把握他们的意思，避免用错。本课范文《鲁迅与儿子、父亲》中，“他觉得自己理解了儿子和父亲之间的亲情”这句话选用了“亲情”这个词就很准确。而“父母对孩子的爱情我现在才体会到”，这句话里的“爱情”就用错了，因为在汉语里，“爱情”是指男女之爱、恋爱，不能用于对父母、朋友的爱。汉语的“家族”表示一个很大的范围，指以婚姻或血缘关系为基础而形成的社会组织，这与“家属”表示的概念完全不同。“昨天我们访问了八达岭长城”中的“访问”应改为“参观”，因为“参观”有“看”的意思，而“访问”还有交谈的意思。

2. 感情色彩方面。词语也有不同的感情色彩。如“我的朋友常常恭维我”中，句子里的“恭维”就有贬义，如果朋友是真心真意而不是为达到某种自私目的的夸奖，就不能这么用。

3. 风格方面。写文章要看对象，如果写给家人、好朋友看，就不必太正式，用太多书面语。反之，如果写办公室文件、报告，口语词就不能太多。如“这里的居民邻里关系很好，常常互相访问、互相帮助”中，“访问”是正式用语，而邻居之间互相来往，你来我家，我去你家，口语中可以用“串门”一词；写给老师的请假条“老师，我今天有事不能上课。我们回头见”中的“回头见”是典型的口语词，不适合在正式场合下使用；“地震灾区的人们，生活上有很多困难，请同学们给予帮忙”中的“帮忙”是口语词，“给予”是书面语，换用“帮助”与之搭配比较合适。

4. 搭配习惯方面。很多词语都有固定的搭配习惯，写作中要注意。如“我的愿望已经达到了”中的动词“达到”改成“实现”，才能与“愿望”搭配；“这是个漂亮的小伙子”中的“漂亮”一般用来描写女性，在这里应换成“英俊”。

也需要考虑音节的搭配。一般来说，单音节词更常和单音节词搭配，如“开车、购物”；双音节词常与双音节词搭配，如“驾驶汽车、购买物品”。

5. 词性方面。如“他们的结婚很幸福”中，“结婚”是动词，在这里应换成名词“婚姻”。

（二）长句子的特点

写作中运用的长句要比口语中的多。长句子的特点是附加的修饰语较多，表达的意思复杂而细致。在书面语表达中，长句子的使用比口语中多，尤其是在议论文中。运用长句子要注意词语前后的搭配。如：

① 人们都认为鲁迅是一个伟大而严肃的人。（“伟大”和“严肃”都可修饰“人”，这里的“而”表示连接两个不同的方面，“伟大”在前，“严肃”在后，更注重强调“严肃”）

② 委员们在会议上讨论并一致通过了这一决定。（“讨论”和“通过”都可带宾语“决定”，但两个词前后不能调换）

③ 她对远离城市而山清水秀的家乡有着一种特别的情感。（“远离城市”和“山清水秀”都可修饰“家乡”，这里的“而”表示并列，但“山清水秀”做定语与“家乡”关系比较紧密，所以放在后面）

10 生活需要挑战

上次作文讲评

教师总评

优佳表达

偏误分析

天天向上

学习心得

愉快走入第10课

1 本课导入

说一说：1. 你认为富有和贫穷的家庭，哪种环境更有利于孩子将来的个人发展？
2. 你喜欢更具有挑战性的工作，还是喜欢更安逸、更省力的工作？
3. 你有过挑战……的经历吗？如果有，请讲给大家。

2 范文讨论与学习

1. 阅读下文并讨论：

（1）文章的论点是什么？
（2）文章用了哪些常识和事例（论据）来支持论点？
（3）解释画线词的意思。

生活需要挑战

古罗马[①]的一位英雄曾说过这样一句话："一匹马如果没有另一匹马紧紧追赶着并且要超过它，就永远不会飞快地奔跑。"马需要挑战，同样地，人更需要挑战。

有一个狼与鹿[②]的故事，故事的内容是这样的：鹿是狼的美味食品，凶猛的狼常常把鹿群追得四散奔逃，许多弱小的鹿因跑得不快而被咬得全身是伤，最终成了狼的口中美食。于是，当地的居民就动了同情之心，对狼开始捕杀[③]。经过一段时间，狼从荒原上消失了。然而，出人意料的是，狼虽然消失了，鹿群不但没有因此兴旺，反而大量死亡。原来，鹿失去了天敌后，生活安逸了，不再运动，体质渐渐退化，形成了生存危机。人们明白了，把鹿和狼放到一个地方，鹿不会灭绝。于是，当地居民实行"狼道主义"，重新把狼"请"回来，荒原上的鹿又重新开始奔跑，获得了强壮的生命。

---

① 罗马（Luómǎ）：Rome
② 鹿（lù）：动物名。种类很多，通常雄性头上有树枝一样的角。
③ 捕杀（bǔshā）：捉住并杀死。

这个故事说明，挑战是生存的动力。也就是说，只有在狼的紧紧追赶下，鹿才能飞奔，得到锻炼，增强体质，生存下来。

运动员也懂得，要和比自己技术好的人比赛，才能提高自己的水平。如果每次比赛的对手都比自己的能力弱，那么自己的水平永远得不到发展。

俄罗斯的一位名人说："人的生命，似洪水在奔流，不遇到岛屿与暗礁，难以激起美丽的浪花。"没有一个人的生活是一帆风顺的，但不同的人对前进路上的困难又有不同的理解。对弱者来说，困难是可怕的深渊④，但对强者来说，它却是无价之宝。我们如果把困难和挫折看成一个锻炼的机会，把它当做是生活的挑战，那么，成功的一天就不远了。

孟子说："生于忧患⑤，死于安乐。"意思是说，人只有在忧患时，面对挑战，才能不断磨炼本领，发挥最大的能力，最终获得好的生活。人们也只有不断地努力、进取，才能不断地完善自己、提高自己。反之，就会被社会淘汰。

所以说，生活需要挑战。如果没有挑战，生活也许会很平静，但是，人的意志得不到磨炼，能力就得不到最大的提高。

2. 从范文中查找下列问题的答案，每题写出两到三个重点词语或句子，理解这篇文章的写作思路。

（1）文章第一段提出的观点是：

....

（2）文章中说明观点的理由（论据）有哪些？

第一：..

第二：..

第三：..

第四：..

（3）文章最后一段是怎么总结的？

....

3. 选用下面的词语，概括范文的主要意思。（至少选用4个）

挑战　　危机　　一帆风顺　　磨炼　　反之　　被淘汰

---

④ 深渊（shēnyuān）：比喻危险或苦难的处境。
⑤ 忧患（yōuhuàn）：困苦患难。

（100字）

4. 试一试，写一写。

（1）用“同样地，……”改写下面这句话，并用“同样地，……”重新造句。

在人类社会，存在着很多不公平现象；动物社会也一样，有许多以强欺弱的现象。

（2）用“出人意料的是，……”改写下面这段话，并用“出人意料的是，……”重新造句。

大家都认为他的运气很好，什么事都非常顺利。谁也没想到，他的朋友告诉我们，他也遇到过很大的挫折。

（3）用“不但……，反而……。原来……”改写下面这段话，并用“不但……，反而……。原来……”重新造句。

那时候的我不知道怎么了，大人的话不光不管用，有时还会起反作用。今天我当了父母才明白，那时候的我，正值青春期，是最叛逆的年龄。

（4）用“对……来说，……，但……”改写下面这句话，并用“对……来说，……，但……”重新造句。

我们成年人觉得，驾驶汽车是一件再平常不过的事情了，对于未成年人就完全不同了，特别是一个十二岁的孩子，危险是不言而喻的。

3 边读边练

阅读下文，并完成下面的练习。

家庭变小，影响环境

在世界范围内，几代人同在一所房子里生活的情况正在不断地改变，三口之家、两口之家，甚至一口之家，越来越多。人们对这种现象看法不一：有人认为，这是人类文明的进步；也有人担忧，因为家庭变小，环境被破坏的问题也更严重了。

据世界有关组织统计，这20年间，每年的人口增长率为1.8%，而住宅增长率为3.1%，住宅数量的增长速度超过了人口增长的速度。这是因为小家庭多了，导致住宅数量不断增加，从而也导致自然资源消耗增加，环境受到更多破坏。因为建造更多住房需要占用更多土地，消耗更多木材、石头、玻璃、水泥等建筑材料，而这些材料在生产的过程中也会造成对环境的破坏和污染。

在住宅内部，小家庭和大家庭所用的电器数量和消耗的能源是相差不多的。例如，一个大家庭通常情况下使用一台冰箱、一台洗衣机、一台电视机，但如果这个家庭分成四个小家庭，他们所使用的电器就会增加到四套，无形之中，就大大增加了电力的消耗，而增加发电量的同时，同样会加剧环境的污染。

由于分开居住，汽车等交通工具的使用就更为频繁，而汽车等交通工具的使用不但消耗能源，也污染环境。

上个世纪，许多科学家都提倡通过控制人口增长，达到减少环境压力的目的，各国政府和人民也作出了努力，收到了一定的效果。可是，这些卓有成效①的工作都被越来越快的家庭数量增长抵消②了，实在可惜。

因此，人们所热衷的小家庭生活形式会使环境遭受破坏，这是一个不能不承认的事实。

根据上文简要写出下面问题的答案：

（1）第一段指出了什么现象？

………………………………………………………………

………………………………………………………………

（2）小家庭数量增加会引发什么情况？

………………………………………………………………

………………………………………………………………

（3）文章的结论是什么？

………………………………………………………………

………………………………………………………………

① 卓有成效（zhuó yǒu chéngxiào）：有突出的成绩或效果。

② 抵消（dǐxiāo）：两种结果相反，因而互相消除。

4 参考练习

找出下列文字中表明论点、论据的句子，在下面画线。

用繁体字好还是用简化字好的问题，长久以来，一直存在争议。有人认为简化字好，理由是，简化字易学易写，使用汉字的人那么多，大家都少花点儿时间学会读写汉字，无疑是一件好事。繁体字笔画多，学习繁体字必然要花费更多的时间，现代社会发展那么快，我们节省下的时间干什么不好呢？更何况，简化字容易写，世界上会汉语的人就会更多，文字的作用，首先是交流，而不是别的。

认为繁体字好的人也有充分的理由：在历史上，繁体字对文化的传播起过巨大作用，如果繁体字没有人使用了，会这种文字的人必将越来越少，甚至会慢慢消失，这是多么可惜的事情啊！另外，简化字也没有繁体字好看，艺术性也没繁体字高，特别是书法艺术，简化字简直就让人无法接受。

课后作文

选择下面的题目写一篇文章，你也可以自己拟个题目。（600字左右）

（1）父母应培养孩子独立生活的能力

（2）善于与别人交往的能力的重要性

（3）舒适的生活方式可以使人身心健康

（4）什么是友谊

（5）电视的好处和害处

（6）自拟题目：________________

本课写作知识要点

（一）议论文

议论文也叫“说理文”，是一种发表意见、提出主张、论述事理的文体。议论文通过摆事实、讲道理、辨是非等方法，来证明某一观点的正确或者错误，达到肯定或否定某种主张的写作目的。

议论文中不可缺少的就是论点和论据。本课范文《生活需要挑战》中，文章的题目就是本文的论点。论据则是文中证明这一观点的事例等。

（二）修辞方法之五——仿词

仿词，是根据现有的词语，替换词语中某些词或词素，临时仿造出新词语的修辞方法。运用仿词修辞方法，能使表达更有趣味，给人留下更深的印象。如：

家里请了一个阿姨，又买了洗衣机，她就真的没什么事可做，成为闲妻良母了。

（仿成语“贤妻良母”）

这个饭店不错，可以说是“食全食美”——品种多、味道好。

（仿成语“十全十美”）

他失业后，就成了地地道道的家庭妇男，每天在家买菜做饭。（仿名词“妇女”）

如果把读书看成自己的乐趣，阅读也就成为“悦读”了。（仿动词“阅读”）

11 幸福是什么

上次作文讲评

教师总评

优佳表达

偏误分析

天天向上

学习心得

愉快走入第11课

1 本课导入

说一说：1. 你听说或阅读到的关于幸福的说法都有哪些？
2. 你认为幸福是什么？

2 范文讨论与学习

1. 阅读下文并讨论：

（1）文章的观点是什么？
（2）作者是怎样证明自己观点的？
（3）加下画线的成语是什么意思？

幸福感与经济发展

对“幸福”这个词，一本词典是这样解释的：“（生活境遇[①]）称心如意。”还配了这样一个例句：“随着经济的发展，人民越来越幸福。”

如果“随着经济的发展，人民越来越幸福”不是词典里的例句，而是一种观点，你会同意吗？我想一定会见仁见智，反正我是不同意。

首先得承认，经济发展程度和人们的幸福感，二者是有关系的，只有当经济发展到一定程度，人们才谈得上幸福。如果饥寒交迫，衣食不足，怎么可能有幸福感呢？各种研究也表明，经济状况在大体上与幸福感成正比[②]关系。即，富人比穷人幸福。因为较高的收入不仅可以带来更多的物质享受，也会伴随更高的自尊心和自信心。

可是，我们也应看到，经济水平和幸福感不是永远成正比的，不一定“随着经济的发展，人民越来越幸福”。经济的影响是相对的，因为幸福感也依赖于社会比较。例如，第二次世界大战后，美国人均收入比以前增加了很多，但

---

①境遇（jìngyù）：境况和遭遇。

②正比（zhèngbǐ）：两个相关事物或同一事物的两个方面，彼此有相一致的量变关系。例如，儿童年龄的增长和体力的增强成正比。

人们平均的快乐水平却没有增加。同时，经济规模的扩大，也伴随着自然环境被破坏、交通拥挤、人们情感不稳定等问题，这些都是影响幸福感的因素。这一点在中国也很明显，调查显示：中国人的幸福感在过去10年中先升后降，与经济发展的曲线并不同步③。

作为衡量④物质丰富程度的经济发展程度、国民生产总值（GDP），只是人类追求幸福感的一个手段而已。"钱不是万能的，没有钱也是万万不能的。"可以肯定，经济发展了，可以带来幸福感的增加。但收入增加到一定程度，幸福感也可能减少。一个贫穷的国家，经济水平提高一点点，居民的幸福感就可能增加许多；而一个比较发达的国家，财富大量增加，并不一定会导致幸福感的增强。

人们比较一致地认为，"幸福感"是由复杂的综合因素构成的，幸福感与经济发展有关系，却不是绝对的正比关系。一个美好的社会追求的是全社会的愉悦感，因为经济发展不是目的，"幸福"才是众望所归。

（选自《河南日报》，作者彭兴庭，有修改）

2. 从范文中查找下列问题的答案，每题写出两到三个重点词语或句子，理解这篇文章的写作思路。

（1）作者是如何引出话题的？

……………………………………

（2）作者是如何提出自己的看法的？

……………………………………

（3）作者是怎么说明自己的看法的？

首先得承认：……………………

可是，我们也应看到：……………………

综合前面两部分的分析：……………………

（4）文章最后的结论是：

……………………………………

③ 同步（tóngbù）：比喻互相协调，步调一致。

④ 衡量（héngliáng）：比喻对事物进行比较或评定。

3. 选用下面的词语，简要概述作者的主要观点。（至少选用4个）

随着　　增加　　承认　　相对　　因素　　目标

（100字）

4. 试一试，写一写。

（1）用“见仁见智”改写下面这句话，并用“见仁见智”重新造句。

如何处理好又要保护好环境，又要提高人们的生活水平这一组矛盾，专家们的看法各不相同。

（2）用“只有……，才……。如果……，怎么可能……”改写下面这段话，并用“只有……，才……。如果……，怎么可能……”重新造句。

经济水平发展到一定程度，人们会感到幸福。吃不饱、穿不暖，就不可能有幸福、快乐的感觉。

（3）用“伴随着……问题”改写下面这句话，并用“伴随着……问题”重新造句。

科技、经济的发展，为人们的生活提供了很大的便利，但是，也会出现污染空气、破坏生态平衡等一系列问题。

3 边读边练

阅读下文，并完成下面的练习。

知足者常乐

“知足者常乐”，这是老子书上的一句话，也是他的生活哲学观。这道理很简单，世界上那么多美好的东西，一个人不可能都得到。只有知足的人才会满足，只有知足才会快乐。

有这样一个故事：有个青年人常常因为自己贫穷而抱怨。一位老人问他：“你拥有如此丰富的财富，为什么还抱怨？”

“我的财富在哪里？”青年人问。

“你有明亮的眼睛。我的朋友失去了眼睛，他拥有很多财产，只要能给他一双眼睛，他就可以把你想得到的东西都给你。”

“不，我不能失去眼睛！”青年人回答。

“那么，我的另一个朋友失去了一双手，如果你给他一双手，他能给你一袋黄金作补偿。”老人又说。

“不，我也不能失去双手！”

“有一双眼睛，你就可以学习；有一双手，你就可以劳动。你拥有许多财富，你多幸福啊！”老人微笑着说道。

那个青年人心里亮了许多。

简要概括故事的主要内容。

（100字）

4 参考练习

把下面的段落按照正确的顺序排列成短文。

a. 结束旅程回到家中之后，父亲问儿子：“你觉得这次旅行怎么样？”“好极了。”“你学到了什么？”“很多东西。我们有一只名犬，他们有四只普通的狗。我们有一个大游泳池，他们有一条小河，而且没有尽头。我们有高档的电灯，他们有满天星星。我们的院子里有鲜花，他们却拥有天边无际的草地。让我印象最深的是他们有时间和家人在一起，互相交流。相反，我们几乎没有时间见面，因为大家每天都在忙碌，要想和爸爸妈妈说说话，我只能用手机发个短信或打个电话。"

b. 我曾在《都市生活》一书中读到这样一则故事：一位父亲努力工作，事业成功。他希望儿子理解生活的不容易，将来能继续他的事业。

c. 听了儿子的话，父亲沉默了。儿子接着说："谢谢爸爸终于让我明白了什么叫做'富有'和'幸福'。"

d. 于是，有一天，父亲带儿子到郊区游玩，希望儿子能够看到居住在那里的穷人们的生活，并因此明白他现在所拥有的一切有多么宝贵，知道自己是多么幸福。他们在一个非常贫困的村子里借住了一天一夜。

e. 看到这里，我们知道，父亲的想法和儿子的理解是完全相反的。是啊，有钱就幸福吗？现在有的人一心追求金钱，整天忙忙碌碌，或采用不正当手段，或忽视了道德或人生价值，这样活在世界上有意义吗？人生在世，应该多为别人服务，多和亲人交流相处，那才是真正的幸福！

排列顺序：（1）________ （2）________ （3）________

（4）________ （5）________

课后作文

选择下面的题目写一篇文章，你也可以自己拟个题目。（800字左右）

（1）谈谈什么是幸福

（2）金钱、家庭、事业和幸福的关系

（3）我对事业和幸福的看法

（4）我最向往的生活方式

（5）财富对人们生活的影响

（6）自拟题目：____________________

本课写作知识要点

（一）议论文的分析推理和论证

议论文为了说明一个观点，就要进行分析推理，这就是论证，即运用事实、道理、名言等论据来推理、分析、证明文章观点的论述过程。比如，要说明小家庭多的情况会对环境产生不好的影响，就先说明小家庭数量逐渐增加的事实。小家庭的生活方式为什么会对环境产生不好的影响呢？文章就说明，大家庭分成小家庭之后，会消耗更多的水、电、木材、水泥等，而生产这些材料需要能源，能源消耗是破坏环境的主要因素，因此，小家庭生活方式会对环境产生不好的影响。这个说理过程就是议论文的论证。

（二）议论文的论据

论据是用来支持和证明论点的理由和根据。论证所用的论据是各种各样的。可以用事实作为论据，也可以用生活常识、道理、调查数据、经典名言作为论据，利用它们进行深入分析，证实论点。

事实和数据都是重要的论据。例如本课范文《幸福感与经济发展》中，为了说明“经济发展会带来幸福感，但又不等于幸福”的观点，作者运用了调查事实：“第二次世界大战后，美国人均收入比以前增加了很多，但人们平均的快乐水平却没有增加”、“中国人的幸福感在过去 10 年中先升后降，与经济发展的曲线并不同步”，用这些事实论证文章要说明的观点。

12 互联网和社会生活

上次作文讲评

教师总评

优佳表达

好好學習

偏误分析

天天向上

学习心得

愉快走入第12课

1 本课导入

说一说：1. 互联网的使用越来越普遍了，我们的生活已经离不开互联网了。你认为，互联网给人们的生活带来了什么？
2. 你上网主要做什么？

2 范文讨论与学习

1. 阅读下文，边阅读，边把相应的数字填在文后的表里。

大学生上网目的的调查

最近，我们对大学生上网的目的进行了调查。调查采用问卷形式，现场发放、现场回收。问卷总计发放230份，回收问卷218份，其中有效问卷为203份，有效回收率为88.3%。问卷中的所有问题都提供多项选择，答题者可选单项或多项。

本次调查内容主要围绕大学生的上网目的。调查结果显示，大学生上网的目的如下：

首先是查找与课程、论文相关的学习资料和信息，这部分学生占调查人数的最大比例：73.89%。其次是娱乐，包括看电影、看小说等，这部分人占71.9%。第三是上网和朋友联系，包括收发邮件、聊天儿等，这部分人占64.54%。第四是阅读新闻，了解世界上发生的事情，这部分人占63%。第五是浏览①博客、个人主页等，获得各种信息，这部分人占56.16%。最后，还有一部分人上网购物，这部分人不到三分之一，约占26%。

我们对调查结果进行了大概的分析。

首先，上网目的为查找学习、论文资料的人最多，这说明大学生运用网络的目的主要是为了学习的需要。通过网络进行学习，是大学生一种必不可少的

---

① 浏览（liúlǎn）：泛泛地看，粗略地阅读。

学习方法。他们普遍认为，用网络学习，知识更新快，更方便。

同时，64.54% 以上的大学生利用网络“休闲娱乐、交友、聊天儿、收发邮件等”，这说明大学生除了学习以外，课下的业余生活、联系朋友、结交朋友的方式已经网络化。

综上所述②，不管学业上还是生活上，大学生活与网络已经密不可分。这对我们的社会所带来的好处和弊病③有哪些呢？这值得我们进一步研究。

218份问卷的调查总结表

上网目的	所占百分比	备　注
查找学习资料和信息		
娱乐		
联系朋友		
阅读新闻		
浏览博客、个人主页		
购物		

2. 从范文中查找下列问题的答案，每题写出两到三个重点词语或句子，理解这篇文章写作的思路。

（1）本次调查的内容和方法是：

（2）本次调查包括哪几方面？

（3）对调查结果的分析得出的结论有：

（4）文章的结论是：

② 综上所述（zōng shàng suǒ shù）：综合上面所叙述的内容。

③ 弊病（bìbìng）：毛病或缺陷。

3. 选用下面的词语，概括范文的主要意思。（至少选用5个）

采用　　目的　　显示　　占　　比例　　结果　　分析

（100字）

4. 试一试，写一写。

（1）用“……。其中……”改写下面这段话，并用“……。其中……”重新造句。

手机这个新兴行业拥有大量的用户，最大一部分用户是青年群体，包括大学生和中学生在内。中老年用户的数量也在不断增长。

（2）用“占……的比例”改写下面这句话，并用“占……的比例”重新造句。

最近的一项调查显示，文科大学的女学生越来越多，已经是全体学生的56%了。

（3）用“必不可少”改写下面这句话，并用“必不可少”重新造句。

电脑和手机在人们的生活中，占有越来越重要的地位，人们的生活已经离不开它们了。

3 边读边练

阅读下文，并完成下面的练习。

国民阅读情况调查分析

为更好地了解国民的阅读兴趣、方式、需求等基本情况，中国出版科学研究所于去年年底组织进行了第四次“全国国民阅读调查”，在此，正式向社会公布此次调查的初步结果。

调查结果显示，中国国民图书阅读率连续6年持续走低，国民图书阅读率首次低于50%。与此相反，网络阅读率却大幅增长。

本次调查结果表明，2005年国民图书阅读率为42.2%。在图书阅读者中，每人每年平均阅读图书4.5本。以城乡居住人口划分，2005年城市居民的读书率为 58.8%，平均每人每年读 6.4 本书；农村居民的读书率为 43.0%，平均每人每年读 3.3 本书。

六年来，国民阅读率持续走低。1999 年首次调查发现国民的阅读率为 60.4%，2001 年为 54.2%，2003 年为 51.7%，而 2005 年为 48.7%，比 2003 年再次下降 3%，比 1999 年则下降了 11.7%。

基本不读书的人在回答"为什么不读书"时，选择"没时间"的占 43.7%，选择"不习惯"读书的比例为 29.1%，这也是目前人们不读书的两个最主要原因。进一步的分析表明，从性别看，强调"没时间"读书的人中男性比例要高于女性比例。从年龄看，"没时间"读书的人群中，有 54.2% 的 20~29 岁的年轻人，排在首位；其次为 30~39 岁的青年人，占 50.7%；再次为 40~49 岁年龄段的中年人，占 49.2%。可见，"没时间"读书的群体主要是中青年人群。而在"不习惯"读书的人群中，有 45.9% 的 18~19 岁本应为在校学生的青年人，排在首位，这种倾向值得注意。

与图书阅读率相反，近年来国民网络阅读率正在迅速增长。网络阅读率从1999年的3.7%增加到2003年的18.3%，再到2005年的27.8%，六年间增长了7.5倍，每年平均增长率为107%。

一些研究者认为，网络阅读不能替代图书阅读。我们不能因为网络媒体的兴起，就疏忽图书的阅读，因为网络阅读与传统阅读还是有很大的不同的。传统阅读更利于人们的抽象思维，而且虽然现在有的图书已经娱乐化，但那绝不是图书的本质，图书的本质体现为内容的深刻和文化的积累。而这一点，对于提高国民素质是非常重要的，有关部门和行业也要注意引导。传统阅读内容并不都是精华，但网络内容繁杂，其精华内容与传统阅读相比还是少得多。

把上文调查的主要结果以及建议写在下面：

结果一：..

....

结果二：..

....

结果三：..

....

建议：..

....

4 参考练习

根据下面的调查数据，写一个简单的调查结果。

市民对环境保护态度的调查（一）数据统计

序号	总人数	问卷问题	答案选项	所选人数	所占比例
1	200	你认为该不该注重环保？	A. 应该 B. 不应该 C. 无所谓	A. 123人 B. 16人 C. 61人	A. 61.5% B. 8% C. 30.5%
2	200	看到地上有杂物，你会主动捡起来吗？	A. 会 B. 不会 C. 有时会	A. 50人 B. 89人 C. 61人	A. 25% B. 44.5% C. 30.5%
3	200	在生活中，你是否经常看到有人乱丢垃圾？	A. 经常 B. 没有看到 C. 偶尔看到	A. 91人 B. 20人 C. 89人	A. 45.5% B. 10% C. 44.5%
4	200	你曾向别人宣传过环保吗？	A. 宣传过 B. 没有	A. 101人 B. 99人	A. 50.5% B. 49.5%
5	200	你用过的废电池是否注意放在回收电池的地方？	A. 是 B. 不是	A. 131人 B. 69人	A. 65.5% B. 34.5%
6	200	吃零食后你经常会把包装纸丢到垃圾筒里吗？	A. 经常会 B. 不会	A. 121人 B. 79人	A. 60.5% B. 39.5%
7	200	你买东西是否经常用塑料袋？	A. 是 B. 不是 C. 偶尔	A. 111人 B. 43人 C. 46人	A. 55.5% B. 21.5% C. 23%
8	200	你知道塑料袋对环境的影响吗？	A. 知道 B. 不知道	A. 164人 B. 36人	A. 82% B. 18%

（300字）

课后作文

选择下面的内容写一篇文章，你也可以自己拟个题目。（800字左右）

（1）以班上的同学为对象，设计一份调查问卷，了解他们对学习、工作、课程、阅读兴趣、业余爱好，对某个国际或社会问题的看法，并写一个小调查报告。

（2）写一写你对网上恋爱的看法。

（3）自拟题目：________________

本课写作知识要点

（一）运用数据说明观点

文章有些结论需要用数据证明，数据是一种事实。事实和道理是议论文论据的两种基本形式。数据在一定程度上可以说明事物发展、变化的情况，揭示事物的本质和规律。历史史实、具体数字、数字的比例及其对照都属于事实论据。“事实胜于雄辩”，说明观点、主张，用事实说话最有说服力。

调查报告中，数据一方面可以从权威部门公布的资料中获得，也可以通过实验或科学的调查获得。数据应该是真实的，不应该使用主观估计、推测等方式。要用科学合理的、能说服人的方法进行调查，如用调查问卷、采访录音记录等。调查对象的数量要有代表性，不能过少，这样才能得到可信的数据，推出正确的结论。

（二）如何设计调查问卷

调查问卷是以书面提出问题的方式来收集资料的一种研究方法。调查问卷主要包括：

1. 标题。一般是说明调查对象、内容的句子加上“调查问卷”四个字，如“大学生上网情况调查问卷”。

2. 回答方式的指导。答卷指导的作用是告诉被调查者如何回答问题，它可以放在提问句子的后面，用括号括起来，如“下列说法正确的有哪些（可选多项）”，这里括号中的“可选多项”即答卷指导。

3. 问题。问题是调查问卷的主体，通常是问句形式。根据对回答的要求，问卷的问题有如下几种：

（1）提供选择答案的问题。这一类是限制性问题，即答案是有限的。这类题目的好处是能够针对作者需要了解的问题进行调查。如：

金钱在生活中起何作用？（请选一项）

A. 仅是一种流通工具　　B. 生活的指挥棒　　C. 生活的调味品

也可以在选择答案后面加上一个选择项目“其他”，给被调查者更多的回答问句的余地。如：

在双休日，你经常进行的活动是什么？（请选一项）

A. 看电影、跳舞等娱乐活动　　B. 学习　　C. 睡觉

D. 体育锻炼　　E. 其他

（2）让被调查者自由回答的问题。这类问题比较宽泛，答题者回答自由度大，但不容易收到较好的调查效果。如：

你认为大学生网上交友利大于弊还是弊大于利？为什么？

（3）标度式问题。由文字说明和标度组成，了解答题者的行为、感觉、意见的强弱程度。标度式问句适用于感觉方面的、较抽象的问题，以了解程度的高低。这种方法不受时间限制，可反复使用，便于回答，便于调查后的总结，常常可使抽象的、模糊的东西得以量化。如：

你认为高校本科生对外语课的热情程度如何？（只填序号）

① 极高　② 高　③ 较高　④ 一般　⑤ 较低　⑥ 低　⑦ 极低

问卷设计中要注意问题的表述要准确、具体。如“双休日你用于学习的时间长吗？”此处的“长”就不准确、不具体。同时，所提的问题不要有暗示性和倾向性，以保证回答客观、真实。如“你不赞成大学生高消费吗”这类提法就具有暗示性，容易使回答失真。应改为：“你对大学生高消费有何看法？”

《发展汉语》（第二版）
基本使用信息

教 材	适用水平	每册课数	每课建议课时	每册建议总课时
初级综合（Ⅰ）	零起点及初学阶段	30课	5课时	150-160
初级综合（Ⅱ）		25课	6课时	150-160
中级综合（Ⅰ）	已掌握2000-2500词汇量	15课	6课时	90-100
中级综合（Ⅱ）		15课	6课时	90-100
高级综合（Ⅰ）	已掌握3500-4000词汇量	15课	6课时	90-100
高级综合（Ⅱ）		15课	6课时	90-100
初级口语（Ⅰ）	零起点及初学阶段	23课	4课时	92-100
初级口语（Ⅱ）		23课	4课时	92-100
中级口语（Ⅰ）	已掌握2000-2500词汇量	15课	6课时	90-100
中级口语（Ⅱ）		15课	6课时	90-100
高级口语（Ⅰ）	已掌握3500-4000词汇量	15课	4课时	60-70
高级口语（Ⅱ）		15课	4课时	60-70
初级听力（Ⅰ）	零起点及初学阶段	30课	2课时	60-70
初级听力（Ⅱ）		30课	2课时	60-70
中级听力（Ⅰ）	已掌握2000-2500词汇量	30课	2课时	60-70
中级听力（Ⅱ）		30课	2课时	60-70
高级听力（Ⅰ）	已掌握3500-4000词汇量	30课	2课时	60-70
高级听力（Ⅱ）		30课	2课时	60-70
初级读写（Ⅰ）	零起点及初学阶段	15课	2课时	30-40
初级读写（Ⅱ）		15课	2课时	30-40
中级阅读（Ⅰ）	已掌握2000-2500词汇量	15课	2课时	30-40
中级阅读（Ⅱ）		15课	2课时	30-40
高级阅读（Ⅰ）	已掌握3500-4000词汇量	15课	2课时	30-40
高级阅读（Ⅱ）		15课	2课时	30-40
中级写作（Ⅰ）	已掌握2000-2500词汇量	15课	2课时	30-40
中级写作（Ⅱ）		15课	2课时	30-40
高级写作（Ⅰ）	已掌握3500-4000词汇量	12课	2课时	30-40
高级写作（Ⅱ）		12课	2课时	30-40

发展汉语 Developing Chinese 第二版 2nd Edition

综 合

初级综合（Ⅰ）	含1MP3	ISBN 978-7-5619-3076-2	79.00元
初级综合（Ⅱ）	含1MP3	ISBN 978-7-5619-3077-9	75.00元
中级综合（Ⅰ）	含1MP3	ISBN 978-7-5619-3089-2	56.00元
中级综合（Ⅱ）	含1MP3	ISBN 978-7-5619-3239-1	60.00元
高级综合（Ⅰ）	含1MP3	ISBN 978-7-5619-3133-2	55.00元
高级综合（Ⅱ）	含1MP3	ISBN 978-7-5619-3251-3	60.00元

口 语

初级口语（Ⅰ）	含1MP3	ISBN 978-7-5619-3247-6	65.00元
初级口语（Ⅱ）	含1MP3	ISBN 978-7-5619-3298-8	74.00元
中级口语（Ⅰ）	含1MP3	ISBN 978-7-5619-3068-7	56.00元
中级口语（Ⅱ）	含1MP3	ISBN 978-7-5619-3069-4	52.00元
高级口语（Ⅰ）	含1MP3	ISBN 978-7-5619-3147-9	58.00元
高级口语（Ⅱ）	含1MP3	ISBN 978-7-5619-3071-7	56.00元

听 力

“练习与活动”+“文本与答案”

初级听力（Ⅰ）	含1MP3	ISBN 978-7-5619-3063-2	79.00元
初级听力（Ⅱ）	含1MP3	ISBN 978-7-5619-3014-4	68.00元
中级听力（Ⅰ）	含1MP3	ISBN 978-7-5619-3064-9	62.00元
中级听力（Ⅱ）	含1MP3	ISBN 978-7-5619-2577-5	70.00元
高级听力（Ⅰ）	含1MP3	ISBN 978-7-5619-3070-0	68.00元
高级听力（Ⅱ）	含1MP3	ISBN 978-7-5619-3079-3	70.00元

读 写

- 初级读写（Ⅰ）
  ISBN 978-7-5619-3360-2 27.00 元
- 初级读写（Ⅱ）
  ISBN 978-7-5619-3461-6 27.00 元

阅 读

- 中级阅读（Ⅰ）
  ISBN 978-7-5619-3123-3 29.00 元
- 中级阅读（Ⅱ）
  ISBN 978-7-5619-3197-4 29.00 元
- 高级阅读（Ⅰ）
  ISBN 978-7-5619-3080-9 32.00 元
- 高级阅读（Ⅱ）
  ISBN 978-7-5619-3084-7 35.00 元

写 作

- 中级写作（Ⅰ）
  ISBN 978-7-5619-3286-5 35.00 元
- 中级写作（Ⅱ）
  ISBN 978-7-5619-3287-2 39.00 元
- 高级写作（Ⅰ）
  ISBN 978-7-5619-3361-9 29.00 元
- 高级写作（Ⅱ）
  ISBN 978-7-5619-3269-8 29.00 元

图书在版编目 (CIP) 数据

高级写作. 1 : 汉英对照 / 岑玉珍编著. — 2版.
— 北京：北京语言大学出版社，2012.8（2014.11重印）
（发展汉语）
ISBN 978-7-5619-3361-9

Ⅰ. ①高…　Ⅱ. ①岑…　Ⅲ. ①汉语－写作－对外汉语教学－教材　Ⅳ. ①H195.4

中国版本图书馆 CIP 数据核字（2012）第 197380 号

书　　名：发展汉语（第二版）高级写作（Ⅰ）
FAZHAN HANYU（DI-ER BAN）GAOJI XIEZUO（Ⅰ）
责任印制：汪学发

出版发行：北京语言大学出版社
社　　址：北京市海淀区学院路 15 号　　邮政编码：100083
网　　址：www.blcup.com
电　　话：发行部　010-82303650 / 3591 / 3651
编辑部　010-82303647 / 3592 / 3395
读者服务部　010-82303653
网上订购电话　010-82303908
客户服务信箱　service@blcup.com
印　　刷：保定市中画美凯印刷有限公司
经　　销：全国新华书店

版　　次：2012 年 8 月第 2 版　　2014 年 11 月第 3 次印刷
开　　本：889 毫米 ×1194 毫米　　1/16
印　　张：8
字　　数：128 千字
书　　号：ISBN 978-7-5619-3361-9 / H · 12145
定　　价：29.00 元